（唐）釋道宣 撰

宋思溪藏本廣弘明集

第二册

國家圖書館出版社

第二册目録

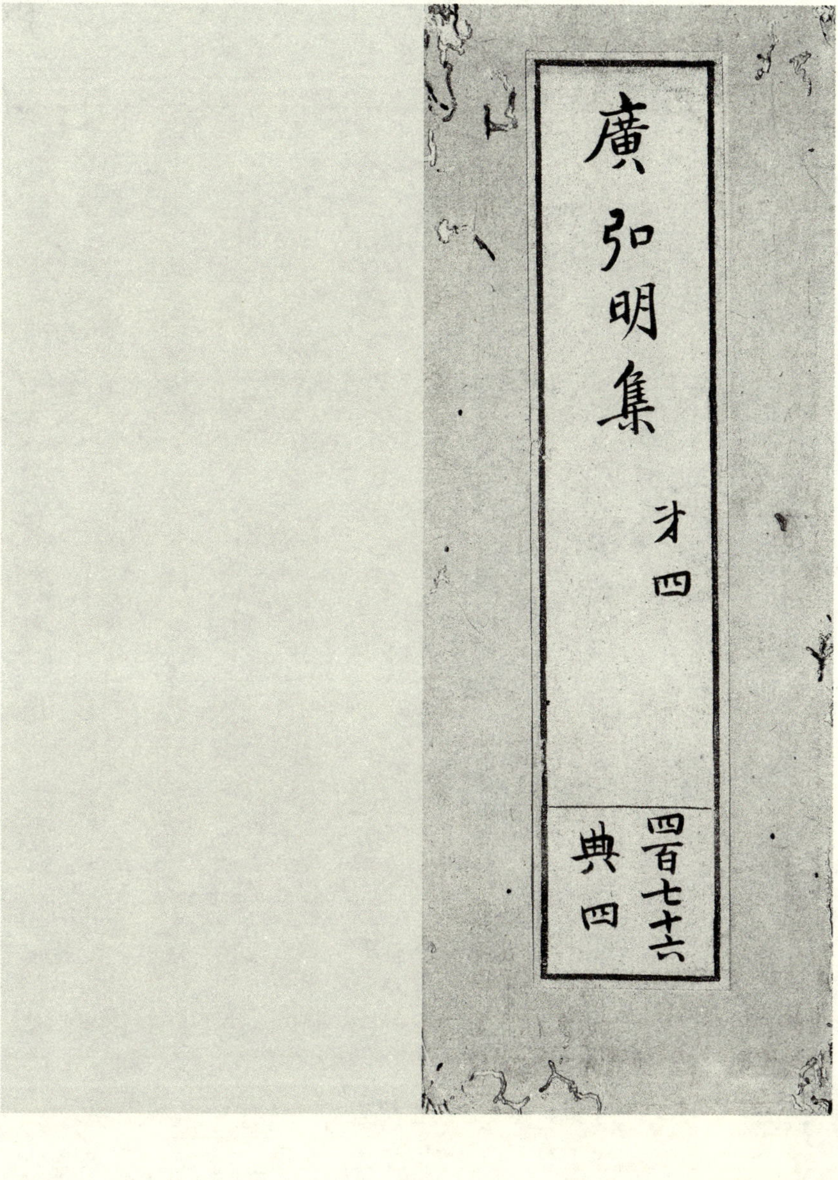
廣弘明集
才四
四百七十六
典四

元祿九年丙子二月日重脩

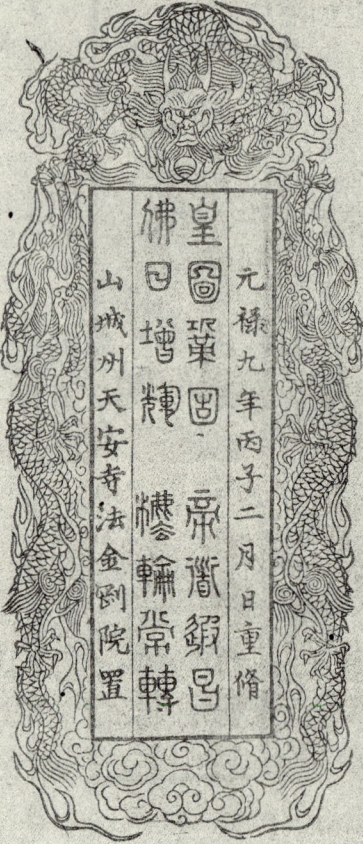

皇圖鞏固　帝道遐昌

佛日增輝　法輪常轉

山城州天安寺法金剛院置

廣弘明集卷第四　　典

唐終南山釋氏

歸正篇第一之四

捨事李老道法詔　　梁高祖武皇帝

廢李老道法詔　　北齊高祖文宣皇帝

通極論　　隋沙門釋彦琮

捨事李老道法詔十三　　梁武帝

梁高祖武皇帝年三十四登位在政四十九年雖億兆務殷而卷不釋手内經外典罔不

歷懷皆為訓解數千餘卷而儉約自節羅綺不緣寢處虛閑晝夜無怠致有布被莞蓆草屩葛巾初臨大寶即備斯事日唯一食永絕辛羶自有帝王罕能及此舊事老子宗尚符圖窮討根源有同妄作帝乃躬運神筆下詔捨道文曰維天監三年四月八日梁國皇帝蘭陵蕭衍稽首和南十方諸佛十方尊法十方聖僧伏見經云發菩提心者即是佛心其餘諸善不得爲喻能使衆生出三界之苦門入無爲之勝路故如來徧盡智凝成覺至道通機德圓取聖發慧炬以照迷鏡法流以澄垢啓瑞迹於天中爍靈儀於像外度羣迷於

慾海引舍識於涅槃登常樂之高山出愛河
之深際言乖四句語絶百非應迹娑婆示生
淨飯王宮誕相步三界而爲尊道樹成光普大
千而派照但以機心淺薄好生猒怠自期二
月當至雙林示乃湛説圓常且復潛輝鶴
樹闍王滅罪婆藪除殃若不逢值大聖法
王誰能救接在迹雖隱其道無虧弟子經遲
迷荒躭事老子歷葉相承染此邪法習因善
發棄迷知返今捨舊醫歸憑正覺願使未來
世中童男出家廣弘經教化度含識同共成
佛寧在正法之中長淪惡道不樂依老子教暫
得生天渉大乘心離二乘念正願諸佛證明

菩薩攝受弟子蕭衍和南

于時帝與道俗二万人於重雲殿重閣上手書此文發菩提心至四月十一日又勅門下大經中說道有九十六種唯佛一道是於正道其餘九十五種名爲邪道朕捨邪外以事正内諸佛如來若有公卿能入此誓者各可發菩提心老子周公孔子等雖是如來弟子而化迹既邪止是世間之善不能革凡成聖其公卿百官侯王宗族宜反僞就眞捨邪入正故經教成實論云若事外道心重佛法心輕即是邪見若心一等是無記性不當善惡若事佛心强老子心弱者乃是清信言清信

者清是表裏俱淨垢穢惑累皆盡信是信正
不信邪故言清信佛弟子其餘諸信皆是邪
見不得稱清信也門下速施行
至四月十七日侍中安前將軍丹陽尹邵陵
王上啓云臣綸聞如來嚴相巍巍架于有頂
微妙色身蕩蕩顯乎無際假金輪而啓物託
銀粟以應凡砥波若之利刀牧涅槃之妙果
汎生死之苦海濟常樂於彼岸故能降慈悲
雲垂甘露雨七處八會教化之義不窮四諦
五時利益之方無盡並氷清日盛霧豁雲除
爝火翳光塵勢自靜可謂入俗化於蒙底出
世寘真此真如使稠林邪逕之人景法門而無

倦渴愛聾瞽之士慕採賾而知迴道樹始於
迦維德音盛于京洛恒星不見周鑒娠徵滿
月圓姿漢感宵夢五法用傳万德方兆華俗
潛啓競扇高風資此三明照迷途之失憑茲
七覺拔長夜之苦屬值皇帝菩薩應天御物
負扆臨民含光宇宙照清海表垂無礙辯以
接黎庶以本願力攝受衆生故能隨方逗藥
示權因顯崇一乘之旨廣十地之基是以万
邦迴向俱禀正識幽顯靈祇皆蒙誘濟人與
等覺之願物起菩提之心莫不翹勤歸宗之
境悦懌還源之趣共保慈悲俱修忍辱所謂
覆護饒益橋梁津濟者矣道既光被民亦化

之於是應眞飛錫騰虛接影破邪外道堅持
正國伽藍精舍寶刹相望講道傳經德音盈
耳臣昔未達理源禀承外道如欲須甘菓翻
種苦栽欲除渴乏反趣醎水今啓迷方粗知
歸向受菩薩大戒戒節身心捨老子之邪風
入法流之眞敎伏願
天慈曲垂矜許謹啓
至四月十八日中書舍人臣任孝恭宣
勑云能改迷入正可謂是宿植勝因宜加勇猛也

廢李老道法詔十四

北齊高祖文宣皇帝

昔金陵道士陸修靜者道門之望在宋齊兩

代祖述三張弘衍二葛郄張之士封門受籙遂妄加穿鑿廣制齋儀縻費極繁意在王者遵奉會梁祖啓運下詔捨道修靜不勝其憤遂與門人及邊境亡命叛入北齊又傾散金玉贈諸貴遊託以襟期冀興道法帝惑之也於天保六年九月乃下勑召諸沙門與道士學達者十人親自對校于時道士呪諸沙門衣鉢或飛或轉呪諸梁木或横或竪沙門曾不學方術黙無一對士人擁鬧貴賤移心並以靜徒爲勝也諸道士等雀躍騰倚魚睨雲漢高談自矜誇衒道術仍又唱言曰神通權設抑挫強禦沙門現一我當現二今薄示小

術並辭退屈事亦可見帝令上統法師與靜
摘試上統曰方術小伎俗儒耻之況出家人也
雖然天命令拒豈得無言可令最下座僧對
之即往尋覓有僧佛後一名曇顯者不知何
人遊行無定飲噉同俗時有放言標悟宏遠
上統知其深量私與之交于時名僧盛集顯
居末座酣酒大醉昂兀而坐右司不敢召之
以事告於上統上統曰道士祭酒常道所行止
是飲酒道人可共言耳可扶輿將來於是合
衆皆憚而怯上統威權不敢有諫乃兩人扶
顯令上高座既上便立而含笑曰我飲酒大
醉耳中有所聞云沙門現一我當現二此言

虛實道士曰有實顯即翹一足而立云我已現一卿可現二各無對之顯曰向呪諸衣物飛颺者我故開門試卿術耳命取稠禪師衣鉢呪之諸道士一時奮發共呪一無動揺帝勑取衣乃至十人牽舉不動顯乃令以衣置諸梁木又令呪衣都無一驗道士等相顧無賴猶以言辯自高乃曰佛家自号爲内内則小也詺我道家爲外外則大也顯應聲曰若然則天子處内定小百官處外爲大矣靜與其屬緘口無言帝目驗臧否便下詔曰法門不二眞宗在一求之正路寂泊爲本祭酒道者世中假妄俗人未悟仍有祇崇麴蘖是味淸虛焉在胸

脯斯甜慈悲永隔上異仁祠下乖祭典皆宜禁絶不復遵事須勤遠近咸使知聞其道士歸伏者並付昭玄大統上法師度聽出家未發心者可令染剃尒日斬首者非一自謂神仙者可上三爵臺令其投身飛逝皆碎屍塗地僞妄斯絶致使齊境國無兩信迄于隋初漸開其術至今東川此宗微末無足抗言帝諱洋即元魏丞相高歡之第二子也嫡兄澄急性爲奴所害洋襲其位代爲相國魏曆將窮洋築壇於南郊筮遇大横大吉漢文之卦也乃鑄金像一寫而成魏收爲禪文魏帝署之即受其禪爲大齊也凡所行履不測其愚

智委政僕射楊遵彥帝大起佛寺僧尼溢滿
諸州冬夏供施行道不絶時稠禪師箴帝曰
檀越羅刹治國臨水自見帝從之覩群羅刹在
後於是遂不食肉禁鷹鷂去官漁屠辛葷悉
除不得入市帝恒坐禪竟日不出禮佛行繞
其疾如風受戒於昭玄大統法上面掩地令
上履髮而授焉先是帝在晉陽使人騎驢勑
曰向寺取經函使問所在帝曰任駝出城及
出奄如夢至一山山半有佛寺群沙弥遥曰
高洋騎驢來便引見一老僧拜之曰高洋作
天子何如曰聖明曰尒來何如曰取經函僧
曰洋在寺嬾讀經令北行東頭與之使者及

命初帝至谷口木井佛寺有捨身癡人不解語忽謂帝曰我去尒後來是夜癡人死帝尋崩於晉陽

通極論十五

隋沙門釋彥琮

原夫隱顯二途不可定榮辱眞俗兩端孰能刊同異所以大隱則朝市匪諠高蹈則山林無悶空非色外天地自同指馬名不義裏肝膽可如楚越或語或默良踰語默之方或有或無信絕有無之界若夫雲鴻震羽孔雀謝其遠飛淨名現疾比丘憚其高辯發心即是出家何關落髮棄俗方稱入法豈要抽簪此

即染淨之門權實而莫曉倚伏之理吉凶而未悟遂使莊生宗齊一之論釋子說會三之旨大矣哉諒爲深遠寔難鉤致竊聞陰陽合而万物成醎淡和而八珍美何廢四時恒序五味猶别以此言之豈眞俗之混淆隱顯之云異或有寡聞淺識則欲智凌周孔微庸溥宦便將位比帝王强自大以立身謂一人而已矣不信有因果遂言無佛法輕毁泥曰賤懱沙門愚龔腐儒戲招冥禍或有始除俗服狀如德冠天人纔掛僧名意似聲高海域慠然尊處詳爲極聖豈知十纏猶障三學靡聞不隨機而接物竟抱愚而自守悲夫二子殊

途一何踳駮高懷達士孰可然哉蓋欲解紛挫銳假設旗鼓雖復俱有抑揚終以道爲宗致其猶五色綺錯近須弥而會同万像森羅依虛空以惣集歸根自紜紜之物吞谷實茫茫之海斯誠光贊於佛道述彈於玄門庶令無我無邪允謙允敬式貽後進論之云尒

有梵行先生者高屏塵俗獨栖丘壑英明逸九天之上志氣籠八宏之表藉茅枕石落髮灰心糞衣殊羊績之袍繩床異管寧之榻自隱淪西岳數十年矣確乎不拔澹然無爲每而歎曰窮則獨善其身達則兼濟天下但蒼生擾擾縶以愛羅不可自致清昇坐觀塗炭

復須棄置林藪分衛人間於是屈迹暫遊方
踐京邑次於灞上有行樂公子者控龍媒於
渌水飛鶴蓋於浮雲繡衣侯服薰風合氣璁
勒金鞍爭光炫日定知擲菓之愛是屬潘生
割袖之寵已迷漢帝接軫城隅陪曹王之席
連鑣池側追山公之賞道逢先生怪而問曰
先生皃若燕趙之士髮如吴越之賓容色似
困陳蔡衣製不關楚曾徐行低視細語顰眉
瓦鉢恒持無異顏回之瓢器錫音乍振殊原憲
之藜杖此地未之覩我嘗所不聞敢問先生
何方而至先生靜黙良久徐而對曰覩子馳
騁於名利荒昬於色聲戴天猶不測其高覆

地尚不知其厚吾聞坎井之内本無吞舟之鱗榆枌之間詎有垂雲之翼吾非子之徒歟其可識乎試當爲子言之幸子暫留高聽吾師也德本深搆樹自三祇之初妙果獨高成於百劫之末惣法界而爲智竟虚空以作身寧唯氣禀二儀道周万物而已斯故身無不在量極規矩之外智無不爲用絶思議之表不可以人事測豈得以處所論將啓愚夫之視聽須示眞人之影迹其猶谷風之隨嘯虎慶雲之逐騰龍感應相招抑惟常理於是降神兜率之宮垂像迦毗之域氏曰瞿曇種稱刹利俗名悉達道字能仁乃白淨王之太子

也家世則輪王迭襲門風則聖道相因地中三千既殊於雒邑國朝八万有踰於稽嶺宗親籍甚孰可詳焉暨吾師生也坤形六動方行七步五淨雨華滿國二龍灑水遍空神瑞畢臻吉徵揔萃觀諸百代曽未之有然復孕異堯軒產殊禹偰至如黒帝入夢之兆白光滿室之徵徒曰嘉祥詎可擬議身邊則金色一丈眉間則白毫五尺開万字於胷前躡千論於足下大略以言三十有二非可以龍顔虎鼻八彩雙瞳方我妙色校其昇降者也雖復呂公之相高帝世謂知人若譬私阤之視吾師未可同日於是崇業大寶正位少陽甲觀

洞開龍樓迺建至如多才多藝允文允武非關師保自因天骨或於太子池臨泛之辰博望苑馳射之際力格香象氣冠神功試論妍發曹丕莫之與擬漢盈夏啓寧足涉言父王宿衛甚嚴踰視弥篤九重禁闥聲聞則四十里三時密殿妍麗則二万人然以道性恬凝志願沖固雖居三惑之境不改一心之節歷王城之四門哀老病之三苦乃自嗟曰人生若此在世何堪脫屣尋眞其於斯矣于時桃則新花落雨青春始仲月則半輪低閣永夜方深觀伎直之似橫屍悟宮闈之如敗冢天王捧白馬而踰城給使持寶冠而詣闕雖復

秦世蕭史周時子晉許由洗耳於箕山莊周曳尾於濮水方茲去俗何其㦸如是以仙林始抽簪之地禪河起苦行之迹沐金流之淨水遊道場之吉樹食假獻糜座因施草於是十力智圓六通神足魔兵席卷大業剋成獨稱爲佛是吾師也法輪則柰國初轉僧侶則憍陳始度至於迦葉兄弟目連朋友西域之大勢東方之遍吉二十八天之主一十六國之王莫不服道而傾心餐風而合掌於是他化宮裏乃弘十地耆闍山上方會三乘善吉談無得之宗淨名顯不言之旨伏十仙之外道制六群之比丘蹔前則吐納江河掌内則

揺蕩山谷論劫則方石屢盡辯數則微塵可
窮斯乃三界之大師万古之獨步吾自庸才
談何以盡縱使周公之制禮作樂孔子之述
易刊詩予賜之言語商偃之文學爰及左元
放葛孝先河上公柱下史並駈駈於方內何
足道哉自我含靈福盡法王斯逝遂使北首
提河春秋有八十矣應身粒碎流血何追爭
洟最後之疑競奉臨終之供嗚呼智炬消慈
雲滅長夜諸子誠可悲夫於是瞻相好於香
檀記筌蹄於貝葉三藏受持四依補處而我
師風無墜特恃斯乎但世道紛華群情矯薄人
代今古曁于像運既當徂比稍復東漸所以

金人夢劉莊之寢，摩騰佇蔡愔之勸，遺教之流漢地，創發此焉。迄今五百餘年矣。自後康僧會、竺法護、佛圖澄、鳩摩什繼踵來儀，盛宣方等，遂使道生、道安之侶，慧嚴、慧觀之徒，並能銷聲掛冠，翕然歸向，緇門繁熾，焉可勝道。吾少長山東，尚素王之雅業；晚遊關右，慕黃老之玄言。俱是未越苦河，猶淪火宅。可久可大，其唯佛教也歟！遂乃希前代之清塵，仰群英之遠迹，歸斯正道，拔自沉泥，本号離欲之逸民，擢邪之大將，吾之儔黨，其謂此乎。公子蹙頞而言曰：觀先生之辯，雖可談天，然其所說，何太虛誕。竊尋佛本啓化之辰，當我宗周之運自云娑婆惣攝靡所不歸或復光照無際聲震有頂或復八部雲臻十方輻湊計天竺去我十万里餘俱在須弥之南並是閻浮之内那忽此間士庶無至佛所如來亦何獨簡不賜餘光弗生我秦漢靡載我墳籍詳此二三疑惑逾甚僕聞貞不絶俗隱不違親所以和光於塵裏拔蓮於火内至若束帶垂纓無妨修德留鬚長鬓足可閑居且道本虛通觸無不是何必絶棄於冠簪專在於錫鉢竊以不傷遺體始著孝心莫非王臣終從朝命今既赭衣髡髮未詳其罪不仕天子無乃自高敢諮先生請當辨析

先生曰吾聞大音不入於俚耳其驗兹乎猶欲以寸管窺天小螺量海而我法門出夏非吾子之能極吾且仰憑神力更爲言之吾師化道含弘靈鈞遠被但衆生緣薄自爲限礙耳何關佛威之不大聖澤之無均其猶日月垂像麗天雷霆發音動地而簡於聾瞽豈光微聲小者哉然佛遊舍衛有餘二紀三億之家猶不聞見何怪邊地十万里乎竊以周孔之生本惟華夏之邑夷狄不信其理何耶至於東方朔之昇天淮南王之入籙然乘鸞排霧世有其人欲不長於神仙猶密之而弗載寧解味吾師之道術書之於惇史乎況值秦皇

焚典經籍不全何容守此局文遂無大見然
有惑彼正眞甘兹隨俗未悟身之非潔豈達
命也無常服翫則數重不止慳貪則一毛難
落屑屑頑民可悲之甚吾已無保於形骸誰
有營於炫好鬚髮既剪我心自伏衣惟壞色
愛情何起所以五綴而持想六時而繫念薰
然物外是曰逆流竊聞夏禹蹠川則有勞手
足墨翟利物則不惜頂踵殺身以成仁餓死
而存義此並有違於大孝然猶盛美於羣書
吾養性栖玄立身行道方欲廣濟六趣高希
万德豈學子拘之於小節顧在膚髮之間哉
扇遂榮名餘事從北面之朝也其若効淺禄

微唯勞諸走無暇功高位極常懼危溢不安千仞棄珠一何賤寶但火内之蓮非吾所發染而不染何介能知

公子曰先生強誇華以飾非護墻茨而不掃請聽逆耳之篤論略條其弊也四焉僕聞玉樹不林於蒹葭威鳳不羣於鷰雀先生道雖微妙門人獨何庸猥或形陋族微或類卑神闇無三端可以叅多士無十畝可以為疋夫墮王事之不閑恥私門之弗立寄逃役於佛寺之内纔容身於法服之下見人不能叙寒温讀經不解立正義空知高心於百姓背禮於二親非所以自榮其弊一也僕聞采椽土

堦之儉唐堯之所以字民瓊室玉臺之盛商辛之所以敗俗況如來行惟少慾德本大悲只應宴坐於家閒經行於樹下何宜飾九層之剎建七寶之臺不愍作者之勞不慙居者之逸非所以自約其弊二也僕聞無自伐功老聃之極教不讚己德唯佛之格言勞謙則君子終吉克讓則聖人上美必若內德充盛自然外響馳應賓侶坐致揄揚豈況佛心澄靜亡諸得失之咎如何獨許世尊之号不欲推人然彼羣經莫二之宗各談第一之稱自生矛盾將何以通非所以自遜其弊三也僕聞情存兩寶心慎四知方曰通人之雅懷廉

士之高節或散之於宗族或棄之於山水況
玄道清淨反俗沙門而復縱無猒之求貪有
爲之利勸俗人則令不留髓腦論䞋施則便
無讓分毫或勝貴經過或上客至止不將虚
心而接待先陳出手之倍數此乃有識之同
疾海内之共知非所以自案其弊四也僕直
言雖苦可爲藥石惟先生高見覽以詳之先
生曰吾子不笑何謂道耶子但好其所以同
寧知其所以異徒欲圯毀未損金剛吾道弘
邃豈可輕矣吾聞万機斯惣聖皇所以稱大
百川是納巨壑所以爲深王則不耻於細民
海則無逆於小水況吾師大道曠無不濟有

心盡攝未簡怨親自當品戒德之小大混族
類之高下故有除糞庸人翻涉不生之位應
書貴士倒墜無間之獄內秘難識外相孰知
子何自擅爲銓衡吾未相許爲水鏡若但以
皃取人失之遠矣遂使叔向伏鬷蔑之語長
者悟沙弥之說且復窮通有運否泰無恒或
始榮而後辱或初微而後盛異轍紛綸可略
言也至如立錐無地非慕堯舜之德餘苗不
紹豈傳湯武之聖詎知吞併六國其先好馬
牧人約法三章則唯亡命亭長樊灌起販屠
之肆伊呂出厨釣之間歷代因循高門相襲
遂爲四海強族五陵貴氏冠冕陵雲風流蓋

世暨若朝陽晞露羨皂錄之難留宿草負霜
混螻蟻之莫别是知用與不用虎鼠何常尋
末窮本人倫一槩那忽輕以乗軒蒐茲甕牖
雖復才方周旦亦何足觀嘗試言之朝市虚
煩身心空弊智者同棄賢人共鄙但覺斯懷
之可入所以避地而歸來吾則猒來苦而知
昨非子便躭往欲而惑今是寧自安貧樂道
少賤多能奚用太廟之犧牲豎子之烹鴈吾
今素質自居黙念無雜不假道於仁義豈亂
想於繁華固亦驕遺牝牡自忘寢膳詎守寒
温之小才音義之薄伎修心可以報德何局
定省之儀卯化可以接引寧止俯仰之事此

吾所謂一勝也吾師空閑樂處不唯聚落輕
微矜納豈獨珠瓔是以栖形五山遊神三徑
或受童土或餐馬麥讚淨心之小施識雜相
之多捨庶令藉此而建善根因兹而表誠信
斯自東脩大體供養恒式豈佛身之欲須乃
含生之達志便以凡俗難悟憍嫉未除競獻
名寶利收多福所以玉盤高刹掩日聳於半
天繡桷飛甍連雲被於寓内爭名好尚善將
焉在者相寡識遂及乎斯雖乖至眞之理足
感榮華之樂生民唯此爲功如來亦何抑說
此吾所謂二勝也吾聞談無價之奇寶冀欲
拯貧讚不死之神香只將愈疾但衆生信邪

巫之狂藥捨正覺之甘露困毒已深懷迷自
久吾師之出世也本許救濟爲功知我者希
無容緘默使物識眞以迴向何是非而自取
若夫二佛不並於世兩日不共於天厥号無
等庶弘至教非如君子之小聖事謙讓之風
者已然至理同歸遂情異説是經稱最各應
宜聞此吾所謂三勝也吾聞不越四民之利
莫致百篋之金但大患未亡有待須養吾稱
乞士則受之以知足子名施主則傾之以國
城何容責我之貪非不自揣己之慳蔽是驗
分財相得獨應管鮑乎吾聞天王武庫出給
尚不由臣下況吾師福物取與寧獨任凡僧

本雖四輩而來今屬三寶而用爲道興供義乖行福既爲十方常住非曰私擬諸己自專則法律不許請衆則和合無由不知子何德以能銷吾何情而敢擅只懼我之同咎豈欲貪利者哉竊以粒重七斤投水則烟火騰沸飯餘一鉢與人則羣類充滿佛猶無恡於飢大寧有惜於餓烏是知輒用固以招愆迴施許而獲益眞是衆生之薄福判非吾師之褊心至如餓鬼不覩川流病人弗覺美味罪關於餓病豈流味之無也竊聞功臣事主粟帛不次而酬勳明王責躬蒼旻不言而効德子弗能自慨之無感專謗吾師之不惠持此餮

餮何以爲人至若鄭僑傾産於交遊田吕布心於賓客空規豪蕩之聲勢詎擬福田而擢揚此吾所謂四勝也吾雖言不足而理有餘子但驚所未聞或於所不見吾之所説子可悟矣

公子曰先生雖高談白雪終類守株所論報應何其悠眇僕聞開闢混元分剖清濁薄淳異稟愚聖派流至如首足之方圓翔潛之鱗羽命分脩短身名寵辱莫非自然之造化詎是宿業之能爲竊見景行不虧夭身世而嬰禍狂勃無禮竟天年而饗福遭隨若斯因果何驗且氣息則聚生散死形神則上歸下沉

万事寥廓百年已矣何處天宫誰爲地獄庸
人之所信達士未之言先生猶或繫風請更
量也
先生曰公子辯士哉見何庸淺所談不踰百
世所歷無越八荒詎能曉果報之終期察因
緣之本際不可窮凡六識罔聖三明者也吾
聞播殖百穀非獨水土之功陶鑄四生詎止
陰陽之力既有根於種類亦無離於集起竊
見或體合夫妻子孫不孕或身非鰥寡男女
莫均至於螢飛蟬化蜂巢蟻卵非構兩精之
產豈從二藏之妊若但稟之於乾坤人亦奚
賴於父母一須委運慈孝何歸是知因自叅

差果方環互支分三報星羅万品或今身而速受或來世而晚成此理必然亦何而朽竊以賞罰不濫王者之明法罪福無殊業道之大功政治則五刑罰禄位賞幽祇則三塗罪人天福目前可以爲鑒誡豈伊吾之構虚論哉予未陷囹圄誰信有廷尉不遊岱宗便謂無鬼府但善惡積成則殃慶有餘被之茂典亦所未悉至如跡勒涌泉之應大江横石之感羊公白玉郭巨黄金驄標鮑宣之馬珠降噲叅之鶴爰及宣王之崩於杜伯襄公之懼於彭生白起甘死之徵李廣不侯之驗陸坑殃則遺後郭恩禍則止身斯甚昭著孰言冥杳雖有

知無知六經不說然祭神祭鬼三代攸傳必
也死而寂寥何求存以仁行無宜棄儒墨之
小教失幽明之大理予可惜良才太甚愚僻
早須歸悔體我眞言
公子曰先生雖懸河遞辯猶有所蔽僕聞天
生烝民剛柔爲疋所以變化形器含養氣靈
婚姻則自古洪規嫁娶則列代恒禮罪應不
關於子胤道亦無礙於妻妾遂使善慧許賈
華之約妙光納施珠之信衆香六万尚曰法
師毗耶二千猶名大士何獨曠茲仇偶擁此
情性亢龍有悔其欲如之品物何以生佛種
誰因續此先生之一蔽也僕聞猛獸爲暴民

之業毒虽含傷物之性所以順氣則秋獮除
害則夏苗天道之常何罪而畏至於牛豕充
犧羔鴈備禮運屬廚人之手體葬嘉賓之腹
本天所生非此焉用然復鳥殘自死班聽内
律如何闕養形命空作土塵此先生之二蔽
也僕聞天列箕星地安泉郡酒之爲物其來
尚矣銷愁適性獨可兹乎所以埶阮七賢興
情於斗石之量勛華兩聖盛德於鍾壷之飲
管則藉此而談玄于則因兹而斷獄聞諸往
哲求嘗不醼但自持之於禮何用阻衆獨淸
此先生之三蔽也僕聞八政著民天之食五
味資道器之身降兹呼吸風霞餌飲芝露敢

爲生類罔弗由之自可飽食用心無廢於道業何假持齋倦力有乏於勤修此先生之四蔽也先生若改斯蔽僕亦慕焉

先生曰吾聞剛强難化固當介耳子之蔽乎自不知其蔽吾之通也子豈識其通由此觀之未可與言道也竊以鄙言無遜尚避至親邪行不仁猶勉先達然其男則纔離襁褓美雙飛以求娶女則僅辭乳餔怨空房而感情苟貪小樂公行世禮積習生常混然詎怪此而無耻尤類鶉鵲勿將群小之制婚敢非高尚之敦雅且婚者昏也事寄昏惑明非昌顯之裁範諒是庸鄙之危行獨有展禽柳下之

橾可以厲淫夫彭祖獨卧之術可以養和性斯固播之於良書美之於方策況乃吾師之成教也弘淨行之宗經豈復順彼邪風嬰茲欲網將出六天之表猶無攜妓妾既超四空之外焉可挾妻孥唯有二果白衣繫業通許一床居士精而難混但品物之生自有緣託何必待我之相配方嗣於吾師獨不聞同一化生士無女業咸屛四大法喜資形此吾所謂一通也吾聞生死去來本方步蠖顯晦上下無異循環業之所運人畜何准是以衛姬蜀帝之徒牛哀伯奇之類狐爲美女狸作書生抑亦事歸難思豈易詳也竊以持戒無畏

鬼龍含德不懼蜂蠆㤅鴿投影猛虎越江我善則報之以明珠人惡則應之以毒氣諒由息之生殺豈禽獸唯害物耶雖復飛走别形惜身莫異輪迴無始誰非所親恕已爲喻亦何不忍詎可宰有生之血肉充無用之肌膚至若死而歸土物我同致所以黄不食黿孔猶覆醢况吾仁慈之隱惻孰甘美於肥鮮但五律漸開雙林永制此吾所謂二通也吾聞酒池牛飲著乎在昔雖百六數窮亦亂國斯起三十五失抑有由之但令身酩酊是焉可驗來生幽暗將復何已至如文舉之罇不空玄石之眠難悟蓋惟耽酒之狂客曷可以論

至道哉但使深酣則過多微醺則愆薄欲言
飲而無失未之有也往賢之所嚴戒良以此
乎縱不關物命亦無宜舉酌此吾所謂三通
也吾聞戒自禁心齋唯齊志可謂入道之初
行教民之本法但支立而已身亦何知若縱
情嗜欲終爲難滿所以節限二時足充四大
覺翳蝗之附後見野狼之對前危亡之期既
切飢渴之情遂緩自忻道勝而肥何嗟食短
而倦竊以帝王之祠宗廟夫子之請伯陽猶
須絶味辛葷清居齋室況吾欲亡身而訪道
寧復留心於美膳者哉此吾所謂四通也莫
謂子所不能謂吾爲蔽吾之所辯幸子擇以

從之公子於是接足呪頭百體皆汗䖍飛膽喪五色無主旣如料虎復似見龍悅焉若狂莫知所對先生摩頂勞曰吾唯愍物子何怖耶公子稍乃自安泣而對曰僕本生下邑無聞大覺之名禀性踈野翻踵外邪之見不遇先生幾將禍矣比承下風之末精義入神仰恃大慈追收前失請容剃落受業於先生之門也先生曰子悟迷知返善矣哉

廣弘明集卷第四　　典

彥琮上魚箭反下在宗反 寢處上七錦反下昌呂反 莞蔕上惠官反草名

草屨下音句屨丨也 辛羶下詩然反辛葷菜也羶肉臭也 蕭衍下音演

智凝下魚陵反爍詰若反照｜也湛說上宅減反鶴樹上胡篤反婆
藪下音叟砿音旨石也磨牧音目守也霧豁下呼活反開｜爝火
上音雀炬火也翳光上一計反掩｜也寘此上支義反正也稠林上直
泒反衆也邪逕下古定反正作徑｜路也聾瞽下音古雙無目也探賾
上土含反取也下助萬反幽深也娠徵上音身孕也負扆下於豈反天子
屏風以黑白畫黼文逗藥上音豆翹勤上渠搖反悅懌下音亦和也
飛錫下先擊反醎鹹音咸鹽味也上俗下正矜上居陵反｜慇弘衍
下音演郄張上丘逆反憤房粉反｜怒也叛音畔背也逃襟期上音
今擁内上紆拱反下闕字爵躍上正作雀下音藥跳｜也魚睨下音
詣睥｜也自矜下居陵反自衒曰｜誇衒下音縣抑挫上意力反下則
臥反｜｜推折也強禦下音語捔試上音角比｜也佛雋下俊字
宏遠上惠萌反大也酣酒上何甘反樂酒也半醉也昂兀上吾剛反下吾

骨反謂昂頭兀身也扶轝下正作舁音余憚徒旦反懼也怯苦劫反畏也
含咲下笑字祝諸上之右反奮發上方問反振也詺我上名字去
聲自字也緘口上古咸反臧否上則郎反善也下方久反惡也寂泊下乏
陌反靜也麴蘖上丘六反下正作蘖魚列反醞酒之丨丨也胸脯上正作胸
音衢亦脯之別名脯凶曰胸申曰脡他反頂甜徒添反甘味也仁祠下音詞祭處也
迄于上許訖反至也隋初上音隨帝号也抗言上苦浪反諱洋上許
謂反嫡兄上音的正也築壇上音竹填丨也筵音遊著丨也禪文
上時翁反受位也下文其禪亦同遵彥下魚箭反溢滿上夷一反箴音針
誡也鷹鷂上於陵反下余照反辛葷下兄云反臭菜也騎駞下音陁駱
丨也奄如上烏撿反忽也馲驢上音託亦去騾驢嬾曾簡反慵丨也刋
苦寒反丨刻也高蹈下音盜高跡之士也義裹下音果肝膽下丁敢反
抽簪下側參反丨丨棄逝也混淆上胡本反下户交反丨丨雜亂也泥

曰別云涅槃賤蔑下莫結反輕|腐儒上音父慠然上吾告反踳
駁上尺尹反下必角反雜也又相背也挫銚上祖卧反下羊歲反詞去解紛挫銚
謂釋其紛亂柳其銚利也森羅上音參貽余之反|與也高屏下音餅除
也丘壑下呼谷反深各也八宏下惠萌反正作紘八方也籍茅上才
夜反下莫交反|草榻音塔椅也礭乎上口角反堅也縶知立反繫也林
藪下音叟分衛此云乞食踐音賤踏也灞上上必駕反控苦貢反
泳水上古文流字炫日上音縣光|連鑣下必苗反馬衘也同行謂
之||嚬眉上音頻|慼也正作顰瓢器上毗苗反顏回一簞食一瓢飲
原憲下音獻蔾杖上郎伭反馳騁下丑領反||奔逸皃坎井
上苦感反|穴也榆枌上羊朱反下符分反詎有上音巨豈也規矩
上俱弥反下俱羽反嘯虎上蘇吊反吟|迭襲上徒結反|乎也下音習雒
邑上音落稽嶺上音鷄籍甚上才亦反暨其器反及也畢臻

下側巾反至也惣萃下才遂反集也禹偰下音薛殷祖名躡尼輒反履|也
雙瞳下音童舜帝目有||馳躾下時夜反正作射力格下加陌反
闘也氣冠下音貫姬發上居之反禁闓下他達反||宮門也恬
凝上徒添反下魚陵反||安静也沖固上直弓反深也玄也脱毲下所
綺反謂棄俗塵如脱鞋毲也箕山上居其反曳尾上羊逝反濮水上補
木反蔑如上莫結反無也金沵流字獻糜下密碑反粥也屢力句反頻
也筌蹄上七全反矯居小反|妾也徂北上在胡反往也蔡愔下於
今反翕然上許及反儔黨上直流反朋|蹙頞上子六反烏葛反|下|
攢眉之謂也輻湊上音福下七奏反||如車輻倂湊於轂也墳籍下才
亦反墳書曲籍也赭衣上音者赤也髡髮上音坤去髮也辯析下先
擊反才辯分拼也俚音里鄙|窺天上傾弥反視也敻兄詠反逺也雷
霆下音庭惇史上丁昆反厚也屑先節反細|炫好上音縣逆

泝下流字墨翟下徒的反人名㥕良刃反頂踵下之勇反頭頂足踵
膚髮上音夫皮丨也墻茨下在咨反草刺也蒹葭兼加二字蘆荻也
庸猥下烏每反庸凡也猥鄙也采椽下直緣反老聃下土甘反老子名也
揄揚上羊朱反丨引也揚舉也牟楯上正作矛下時尹反兵器也令謂一是一
非日丨丨髓腦上息委反下或作聰䞋施上初近反下去聲圮毀上皮
美反圻也覆也弘邃下私遂反丨丨大深皃巨壑下呼各反丨丨自壇
下時扇反銓衡上七全反下户庚反秤也令取分別輕重之義皂取上貟字
鬷蔑上子紅反下莫結反人名否泰上皮美反否塞也泰通也轍直列反車
跡也立錐下質追反針丨也呑弁下去聲樊灌煩貫二音漢朝二武
士姓也販屠上方万反丨賣也屠宰也因循音旬冠冕下音免同前
暨其器反同前睎露上音希日乾也皂隸下零帝反丨僕夫也螻蟻
上音樓一槩下古愛反甕牖上烏貢反瓶之類下音酉窻丨也貧士之家以

㲈為牖犧牛上興宜反大祭之牲竪子上音樹童子也烹鷹上疋庚反
煑也牝牡上毗忍反下音毋雌曰牝雄曰牡竦於上息勇反高也繡桷
下音角方椽曰丨飛甍下莫耕反屋簷也寓內上音羽邪巫下音
無百篋下苦帖反箱丨揣己上初委反丨量管鮑下蒲夘反古之二賢
士姓也褊心上畀緬反急窄皃蒼旻下莫巾反天名慨之上苦愛反
嘆也饕餮叨鐵二音貪財曰饕貪食曰餮悠眇上音由下羨小反丨丨遠也

開闢下毗亦反丨亦開也泒流上疋賣反分流也翔潛上音祥飛丨也
下自廉反游泳也虧苦爲反損也亦作戲嬰禍上一盈反當也寥廓上郎
彫反下苦郭反丨丨空遠皃播殖上補个反下音食丨丨種也鰥寡上俱
頑反無婦曰鰥無夫曰寡蜂窠下苦和反妊而禁反丨孕也舛昌軟反差丨也
陷咸字去聲囹圄靈語二音獄名也岱宗上音代驄標上七紅反
馬青白色下頻小反噲參上傾敗反下七含反漢有樊噲曹參愚僻下必亦反

仇偶 上音求丨延合也
亢龍 上苦浪反乾卦上九曰亢龍有悔何謂也貴而無位高而無民賢人在下位而無輔故有悔
秋獮 下息淺反秋獵曰丨也作狄禰誤也
牛豕 下式旨反猪也
犧 興宜反同前
羔鳶 上音高羊子也
嵇阬 上音兮晉有嵇康阬籍也
勈華 上兄云反堯名放勈舜字重華
鍾壺 下音胡
醼 於見反飲會也
餌 而志反食丨也
芝露 上音之瑞草也
襁褓 二字從衣非上居兩反下音保織縷爲之約小見於背上
僅 渠鎮反纔也
乳餔 下音步正作甫
鶉鵲 上音淳鶉丨鳥也鵪字烏含反
之㨯 下正作㯹七到反恚丨也
挾 胡怗反丨持也
步蠖 下烏郭反屈伸蟲也
衛姬 下居之反
狐 音胡
狸 力之反
蜂蠆 下丑戒反毒也
肌膚 飢夫二音
食黿 下音元丨龜之屬也禹父化爲黿
覆醢 上芳伏反下音海覆傾也醢肉醬也子路避衛亂而見殺爲醢夫子傷之令丨丨不食
肥鮮 上房非反下音仙
酪酊 上茗下頂醉甚也
鐏 音尊酒器也
酣 何甘反醉丨也
嗜欲 上音視貪也
鷖螳 上一計反下丨螂蟲

音堂緩玄伴反悗焉上兄往反翻踵下之勇反繼也幾將上渠衣反

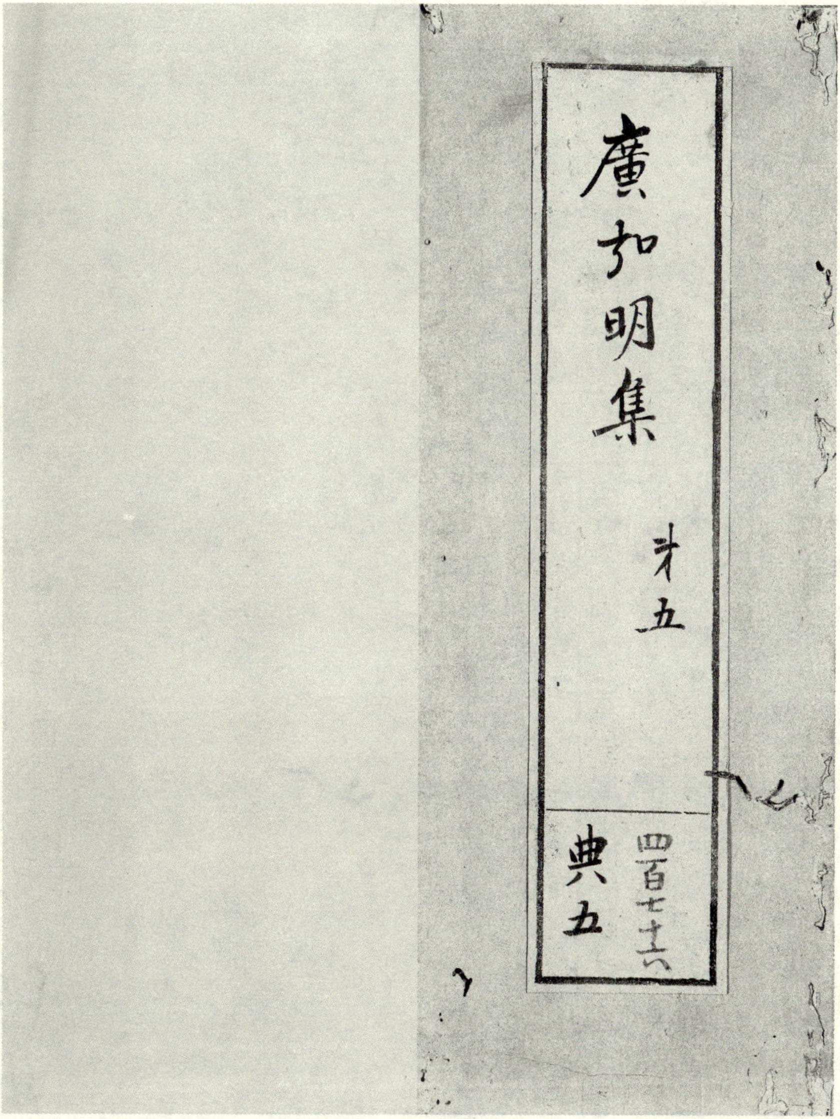
廣弘明集
才五
典五
四百七十八

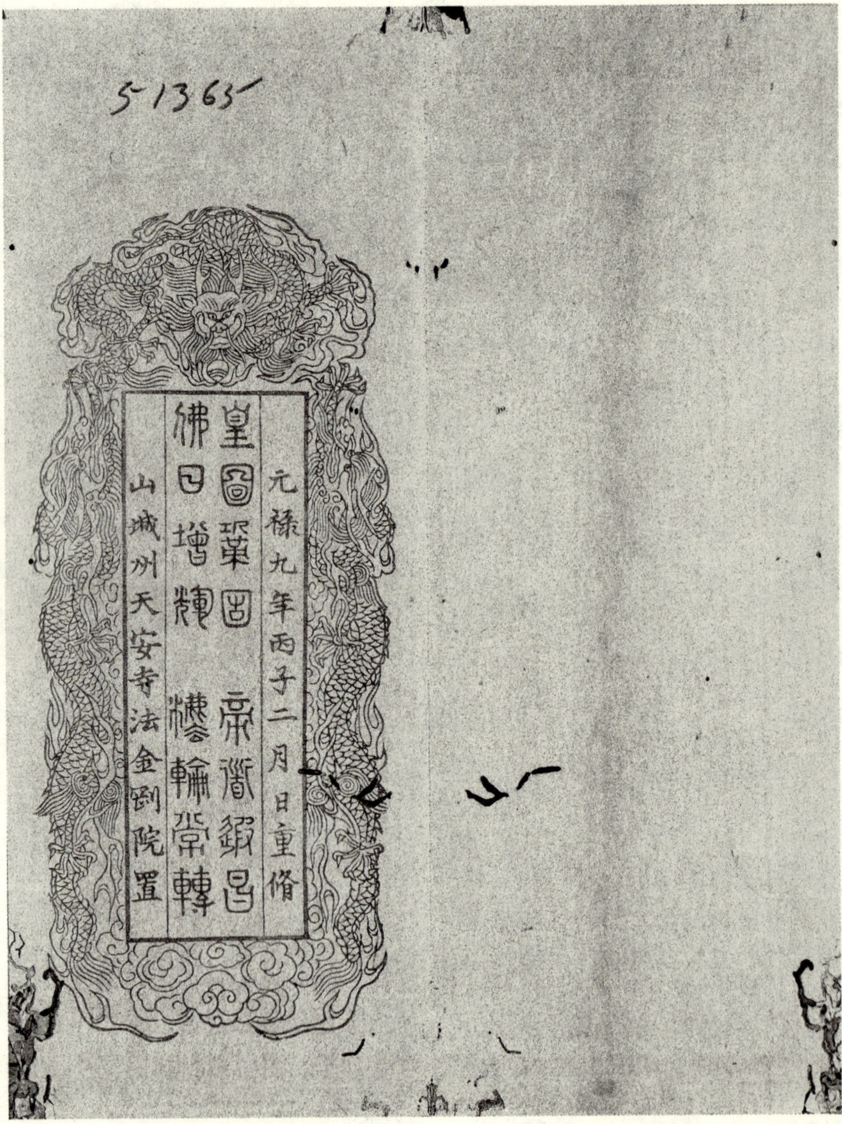
5-1365
元祿九年丙子二月日重脩
皇圖鞏固　帝道遐昌
佛日增輝　法輪常轉
山城州天安寺法金剛院置

廣弘明集卷第五　典

唐終南山釋氏道宣撰

辯惑篇第二之一

俗之惑者大略有二初惑佛爲幻僞善誘人心二惑因果沉冥保重身世且佛名大覺照極機初審性欲之多方練病藥之權道故能俯現金姿垂丈六之偉質流光遍燭通大千而闡化致使受其道者獲證塵砂內傾十使之纏外蕩八魔之弊故能履水火而無礙攝龍鬼而怡神三明六通暢靈襟之妙術四辯八解演被物之康衢其道顯然差難備敘至於李叟稱道繞闡二篇名位周之史臣門學

周之一吏生於厲鄉死於槐里莊生可爲實
録秦佚誠非妄論而史遷褒之乃云西遁流
砂漢景信之方開東夏道學尒後宗緒漸布
終淪滯於神州絶智守雌全未聞於環海蒙
俗信受飾詐揚眞乃造老子化胡等經比擬
佛法四果十地劫數周循結土爲人觀音侍
老黃書度命赤章厭祝斯言孟浪無足可稱
方欲陵佛而跨法僧矯俗而爲尊極通鑒遠
識者自絶生常瑣學迷津者或同墜溺且道
德二篇消子所說伯陽爲尹而傳是則述而
不作至於四果以下全非道流斯乃後學門
人廣開衢術言輒引類翻累本宗故神仙傳

云無識道士妄傳老子代代爲國師者濫也
葛洪可謂生知之士千載之一遇也諸餘碌碌
等駕齊驅佛經無叙於李耼道書多涉於釋
訓人流慕上古諺之常言惡居下徒今俗之
行事所以隨有相狀無不擬儀道本氣也無
像可圖今則擬佛金姿峙列天堂地獄連爲
施行五戒十善皆無異迹終是竊用薄弱不
能自立宗科竊經盜義倚傍稱道至如楊雄
太玄迢然居異抱撲論道邈尒開權道莊惠
之流可爲名作南華近出亦足命家豈若上
皇之元竊取漢儌之号剖生左腋用比能仁
之儀斯途衆矣具如後顯又俗惑三際之業

時輕四趣之報人死極於此生生亦莫知何至由斯淪滯出竟無緣若不統叙長迷逾遠深嫌繁委何得略之

又序曰夫解惑之生存乎博見義舉傳聞闇記信爲難辨舟師故四不壞淨位居入流之始一正定聚方稱涉正之域餘則初染輕毛隨風揚扇不退漆木雖磨不磷是以辨惑履正開於悟達之機宅形安道必據晳明之德自法流震旦信毀相陵多由臆斷師心統決三際必然之事乃謂寓言六道昭彰之形言爲虛指夫以輪迴生死隨業往還依念念而賦身逐劫劫而傳識所以濠上英華著方生之論

柱下睿哲稱其鬼不神可謂長時有盡生涯
不窮禹父既化黃能漢王變爲蒼犬彭生豕
見事顯齊公元伯纓垂名高漢史斯途衆矣
難備書紳無識之倫妄生推託便言三后在
天勸誘之高軌陳祭鬼饗孝道之權猷斯則
乖人倫之典謨越天常之行事詭經亂俗不
足言之若夫繫述遊魂之談經敘故身之務
韶穆有序尊祖重親追遠慎終由來之同仰
踐霜興感列代之彝倫安有捐擲所生專存
諸己橫陳無鬼之論自許有身之術前集已
論今重昌顯固須讎校名理尋討經論卷部
五千咸經目閱義通八藏妙識宗歸若斯博

詣事絕迴惑竊以六因四緣乘善惡而成業四生六道紹昇沉之果報兹道坦然非學不達豈可信凡庸之臆度排大聖之明略哉況復列十度之仁舟濟大心於告海分四諦之階級導小智之邪山三學以統兩乘四輪而摧八難梗概若此無由惑之又以寺塔崇華糜費於財帛僧徒供施叨濫於福田過犯滋彰譏嫌時俗通汙佛法咸被湮埋故周魏二武生本幽都赫連兩君胤唯獫狁鄉非仁義之域性絕陶甄之心檀行殲殄誠無足怪今踈括列代編而次之庶惑迷沒披而取悟序之云尒

梁弘明集辨惑篇目錄

牟融辨惑
亡名正誣論
宗炳難何承天白黑論
何承天達性論　顏延之難
釋道恒釋駁論
張融門律　周顒難
釋玄光辨惑論
劉勰滅惑論
李淼難不現佛形論　釋高明答
蕭子良釋疑惑書

唐廣弘明集辨惑篇揔目

魏陳思王辨道論

唐傅弈上廢佛法表事

唐李少卿十異九迷論并書

唐沙門釋法琳上破邪論并表啓

唐沙門釋明槩上立佛法事

唐李師政内德論

廣弘明集辨惑篇第二之一　卷五

辨道論

魏陳思王曹植子建

聖賢同軌老聃非大賢論

晉秘書監孫盛安國

老子疑問反訊

晉孫盛

均聖論

齊常侍沈約

列代王臣滯惑解二十五人

辯道論

魏曹植

夫神仙之書道家之言乃云傅說上爲辰尾宿歲星降爲東方朔淮南王安誅於淮南而謂之獲道輕舉鉤弋死於雲陽而謂之屍逝柩空其爲虚妄甚矣哉中興篤論之士有桓君山者其所著述多善劉子駿嘗問人言誠能抑嗜慾闔耳目可不衰竭乎時庭中有一老榆君山指而謂曰此樹無情慾可忍無耳

目可闚然猶枯槁腐朽而子駿乃言可不衰謁非談也君山援榆喻之未是也何者余前爲王莽典樂大夫樂記云文帝得魏文侯樂人竇公年百八十兩目盲帝奇而問之何所施行對曰臣年十三而失明父母哀其不及事教臣鼓琴臣又能導引不知壽得何力君山論之曰頗得少盲專一內視情不外鑒之助也先難子駿以內視無益退論竇公便以不鑒證之吾未見其定論也君山又曰方士有董仲君者繫獄佯死數日目陷蟲出死而復生然後竟死生之必死君子所達夫何喻乎夫至神不過天地不能使蟄蟲冝夏潛震雷

冬發時變則物動氣移而事應彼仲君者乃能藏其氣屍其體爛其膚出其蟲無乃大怪乎世有方士吾王悉所招致甘陵有甘始廬江有左慈陽城有郄儉始能行氣導引慈曉房中之術儉善辟穀悉号三百歲本所以集之於魏國者誠恐斯人之徒接姦詭以欺衆行妖慝以惑人故聚而禁之甘始者老而有少容自餘術士咸共歸之然始詞繁寡實頗竊有怪言若遭秦始皇漢武帝則復徐福欒大之徒矣桀紂殊世而齊惡姦人異代而等僞乃如此耶又世虛然有仙人之說仙人者儻猱玃之屬與世人得道化爲仙人乎夫雉

入海為蛤鷰入海為蜃當其徘徊其翼差池
其羽猶自識也忽然自投神化體變乃更與黿
鼈為群豈復自識翔林薄巢垣屋之娛乎而
顧為匹夫所誣納虛妄之詞信眩惑之說隆
禮以招弗臣傾産以供虛求散王爵以榮之
清閑館以居之經年累稔終無一効或殁於
沙丘或崩乎五柞臨時雖誅其身滅其族紛
足為天下笑矣然壽命長短骨體強劣各有
人焉善養者終之勞擾者半之虛用者殀之
其斯之謂歟植字子建魏武帝第四子也初
封東阿郡王終後謚為陳思王也幼含珪璋
十歲能屬文下筆便成初無所改世間術藝

無不畢善邯鄲淳見而駭服稱爲天人也植每讀佛經輒流連嗟翫以爲至道之宗極也遂製轉讀七聲升降曲折之響故世之諷誦咸憲章焉嘗遊魚山聞空中梵天之讚乃摹而傳于後則備見梁法苑集然統括道源精究仙録詐妄尤甚故著論以詳云

聖賢同軌老聃非大聖論第二

晉孫盛安國

項獲閑居復伸所詠仰先哲之玄微考大賢之靈術詳觀風流究覽行止高下之辨殆可髣髴夫大聖乘時故迹浪於所因大賢次微故與大聖而舒卷所因不同故有揖讓與干

戈迹乖次微道亞故行藏之軌莫異亦有龍
虎之從風雲形聲之會影響理固自然非召
之也是故箕文同兆元吉於虎兕之吻顔孔
俱否逍遥於匡陳之間唐堯則天稷契翼其
化湯武革命伊呂贊其功由斯以言用舍影響之
論惟我與尒之談豈不信哉何者大賢庶幾觀象
知器觀象知器預籠吉凶預籠吉凶是以運形斯同
御治因應對接羣方終保元吉窮通滯礙其揆
一也但欽聖樂易有待而享欽冥而不能冥
悅寂而不能寂以此爲優劣耳至於中賢第
三之人去聖有間故冥體之道未盡自然運
用自不得玄同然希古存勝高想頓足仰慕

淳風專詠至虛故有栖峙林壑若巢許之倫者言行抗轡如老彭之徒者亦非故然理自然也夫形躁好靜質柔愛剛讀所常習愒所希聞世俗之常也是以見偏抗之辭不復尋因應之適覩矯誑之論不復悟過直之失耳校老子之作與聖教同者是代大匠斲駢拇枝指之喻其詭乎聖教者是遠救世之宜違明道若昧之義也六經何常闕虛靜之訓謙沖之誨哉孔子曰述而不作信而好古竊比我於老彭尋斯旨也則老彭之道以籠罩乎聖教之内矣且指説二事而不非實言也何以明之聖人淵寂何不好哉又三皇五帝已

下靡不制作是故易象經墳爛然炳著棟宇衣裳與時而興安在述而不作乎故易曰聖人作而万物覩斯言之證蓋指說老彭之德有以髣髴類巳形迹之處所耳亦猶匿怨而友其人左丘明耻之丘亦耻之豈若於吾言無所不說相體之至也且顏孔不以導養爲事而老彭養之孔顏同乎斯人而老彭異之凡斯數者非不亞聖之迹而又其書往往矛盾粗列如左大雅搢紳幸祛其弊盛又不達老聃輕舉之旨爲欲著訓戎狄宣導殊俗乎若欲明宣導殊類則左衽非玄化之所孤遊非嘉遁之舉諸夏陵遲敷訓所先聖人之教

自近及遠未有譸張避險如此之遊也若懼
禍避地則聖門可隱商朝魯邦有無如者矣
苟得其道則遊刃有餘觸地元吉何違天心
於戎貊如不能然者得無庶於朝隱而神仙
之徒乎昔裴逸民作崇有貴無二論時談者
或以為不盡達勝之道者或以為矯時流遁
者余以為尚無既失之矣崇有亦未為得也
道之為物唯怳與惚因應無方唯變所適值
澄淳之時則司契垂拱遇万動之化則形體
勃興是以洞鑒雖同有無之敎異陳聖致雖
一而稱謂之名殊自唐虞不希結繩湯武不
擬揖讓夫豈異哉時運故也而伯陽以執古

之道以御今之有逸民欲執今之有以絶古之風吾故以爲彼二子者不達圓化之道各矜其一方者耳

老子疑問反訊第三

晉孫盛

道經云故常無欲以觀其妙故常有欲以觀其徼此兩者同出而異名同謂之玄玄之又玄衆妙之門

舊説及王弼解妙謂始徼謂終也夫觀始要終覩妙知著達人之鑒也既以欲澄神昭其妙始則自斯以己宜悉鎮之何以復須有欲得其終乎宜有欲俱出妙門同謂之玄若然

以往復何獨貴於無欲乎

天下皆知美之爲美斯惡已皆知善之爲善斯不善已

盛以爲夫美惡之名生乎美惡之實道德淳美則有善名頑嚚聾昧則有惡聲故易曰惡不積不足以滅身又曰美在其中暢於四支而發於事業又曰韶盡美矣未盡善也然則大美大善天下皆知之何得云斯惡乎若虛美非美爲善非善所美過美所善違中若此皆世教所疾聖王奮誠天下亦自知之於斯談

不尚賢使民不爭不貴難得之貨使人不盜

常使民無知無慾使知者不敢爲

又曰絶學無憂唯之與阿相去幾何善之與惡相去何若

下章云善人不善人之師不善人善人之資不貴其師不愛其資雖智大迷盛以爲民苟無欲亦何所師於師哉既相師資非學如何不善師善非尚賢如何貴愛既存則美惡不得不障非相去何若之謂

又下章云人之所教我亦以教人吾言甚易知而天下莫能知

又曰吾將以爲教父原斯談也未爲絶學所云絶者堯孔之學耶堯孔之學隨時設教老

氏之言一其所尚隨時設敎所以道通百代一其所尚不得不滯於適變此又闇弊所未能通者也

道沖而用之又不盈和其光同其塵

盛以爲老聃可謂知道非體道者也昔陸害之莅天下也無日解哉則維照任衆師錫疋夫則駁然禪授豈非沖而用之光塵同波哉伯陽則不然既處濁位復遠遵西戎行止則猖狂其迹著書則矯誑其言和光同塵固若是乎余固以爲知道體道則未也

道經云三者不可致詰混然爲一繩繩兮不可名復歸於無物無物之象是謂惚恍

下章云道之爲物唯恍與惚惚兮恍兮其中
有像恍兮惚兮其中有物此二章或言無物
或言有物先有所不宜者也
執古之道以御今之有
上章執者失之
爲者敗之而復云執古之道以御今之有或
執或否得無陷矛盾之論乎
絶聖弃知民利百倍
孫盛曰夫有仁聖必有仁聖之德迹此而不
崇則陶訓焉融仁義不尚則孝慈道喪老氏既
云絶聖而每章輒稱聖人既稱聖人則迹焉能得
絶若所欲絶者絶堯舜周孔之迹則所稱聖者

爲是何聖之迹乎即如其言聖人有宜滅其
迹者有宜稱其迹者稱滅不同吾誰適從絶
仁弃義民復孝慈若如此談仁義不絶則不
孝不慈矣復云居善地與善仁不審與善仁
之仁是向所云欲絶者非耶如其是也則不
宜復稱述矣如其非也則未詳二仁之義一
仁宜絶一仁宜明此又所未達也若謂不聖
之聖不仁之仁則教所誅不假高唱矣
逮至莊周云聖人不死大盜不止又曰田常
竊仁義以取齊國
夫天地陶鑄善惡兼育各禀自然理不相關
梟鴟縱毒不假學於鸞鳳豺虎肆害不借術

於麒麟此皆天質自然不須外物者也何至
凶頑之人獨當假仁義以濟其姦乎若乃冒
頓殺父鄭伯盜鄶豈復先假孝道獲其終害
乎而莊李掊擊殺根毀駮正訓何異疾盜賊
而銷鑄干戈覩食噎而絕棄嘉穀乎後之談
者雖曲爲其義辯而釋之莫不艱屯於殺聖
困躓於忘親也知我者希則我貴矣
上章云聖人之在天下也百姓皆注其耳目
師資貴愛必彰万物如斯則知之者安得希
哉知希者何必貴哉即巳之身見貴九服何
得佩實抗言云貴由知希哉斯蓋欲抑動恒
俗故發此過言耳聖教則不然中稱其詞以

理訓導故曰在家必聞在邦必聞也是聞必達也不見善而無悶潛龍之德人不知而不慍君子之道衆好之必察焉衆惡之必察焉既不以知多爲顯亦不以知少爲貴誨誘綽綽理中自然何與老聃之言同日而語其優劣哉

禮者忠信之薄而亂之首前識者道之華而愚之始是以大丈夫處其厚不處其薄處其實不處其華也

孫盛曰老聃足知聖人禮樂非玄勝之具不獲已而制作耳而故毁之何哉是故屏撥禮學以全其任自然之論豈不知叔末不復得

返自然之道直欲伸已好之懷然則不免情於所悅非浪心救物者也非唯不救乃獎其弊矣

或問莊老所以故發此唱蓋與聖教相爲表裏其於陶物明訓其歸一也矣

盛以爲不然夫聖人之道廣大悉備矣猶曰月懸天有何不照者哉老氏之言皆駁於六經矣寧復有所愆之俟佐助於聃周乎即莊周所謂日月出矣而爝火不息者也至於虛誕譎怪矯詭之言尚拘滯於一方而横揙不經之奇詞也

王侯得一以爲天下貞貞正也

下章云
孰知其極其無正正復爲奇善復爲妖
尋此二章或云天下正或言無正既云善人
不善人師而復云爲妖
天下之善一也而或師或妖天下之正道一
也而云正復爲奇斯亙鄙見所未能通也

盛字安國仕晉爲給事中秘書監少遊涉墳
素而以史籍爲懷故曰賢聖玄邈得諸言表
而仁愛自我陶染庶物漸漬之功莫過乎經
史著晉陽春秋三十餘卷評老氏中賢之流
故知爲尹述書乃祖承有據埶子云老子就
涓子學九仙之術尋乎導養斯言有徵至於聖

也則不云學故語曰生知者上學知者次王何所位典達鴻猷故班固序人九等之例孔丘等爲上上類例皆是聖李聃等爲中上類例皆是賢聖有至聖亞聖賢有大賢中賢並以神機有利鈍故智用有漸頓也盛叙老非大賢取其闕放自牧不能兼濟於天下坐觀周衰遁於西裔行及秦壞死於扶風葬於槐里非遁天之仙信矣

均聖論第四

齊沈約休文

自天地權輿民生攸始遐哉眇邈無得而言焉無得而言因有可言之象至於太虛之空

曠無始之杳茫豈唯言象莫窺良以心慮事絶及天地蕞爾來宅其中毫端之泛巨海方斯非譬然則有此天地已來猶一念也我之所以莫過軒犧而天地之在彼太虛猶軒犧之在彼天地齷齪之徒唯謂赫胥為遠何其瑣瑣為念之窩耶世之有佛莫知其始前佛後佛其道不異法身湛然各由應感感之所召跨大千而咫尺緣苟未應雖踐跡而弗覩娑婆南界是曰閻浮蔥嶺以西經塗密邇緣運未開自與理隔何以言之夏殷已前書傳簡寡周室受命經典備存象寄狄鞮隨方受職重譯入貢揔括要荒而八蠻五狄莫不愚

鄙文字靡識訓義不通咸納贄王府登樂清
廟西國密塗厥路非遠雖葉書橫字華梵不
同而深義妙理於焉自出唐虞三代不容未
有事獨西限道未東流豈非區區中國緣應
不啓求其會歸尋其旨要寧與四夷之樂同
日而語乎非爲姬公所遺蓋由斯法宜隱故
也炎昊之世未火未粒肉食皮衣仁惻之事
弗萌懷抱非肉非皮死亡立至雖復大聖殷
勤思存救免而身命是資理難頓奪寔宜導
之以漸稍啓其源故燧人火化變腥爲熟腥
熟既變蓋佛教之萌兆也何者變腥爲熟其
事漸難積此漸難可以成著迄乎神農復垂

汲引嘉穀肇播民用粒食歟腹充虛非肉可飽則全命減殺於事弥多自此已降矜護日廣春蒐免其懷孕夏苗取其害穀秋獮冬狩所害誠多頓去之難已備前說周孔二聖宗條稍廣見其生不忍其死聞其聲不食其肉草木斬伐有時麛卵不得妄犯漁不竭澤畋不燎原釣而不綱弋不射宿肉食蠶衣皆須耆齒牛羊犬豕無故不殺此則戒有五枝又開其一也逮于酣醟于酒淫迷乎色詭妄於人攘濫自己外典所禁無待釋教四者犯人人為含靈之首一者害獸獸為生品之末上聖開宗宜有次第亦由佛戒殺人為業最重

也内聖外聖義均理一而蔽理之徒封著外
教以爲烹羊豢豕理固宜然惑者又云若如
釋氏之書咸有緣報之業則禹湯文武並受
封剗周公孔子俱入鼎鑊是何述於見道若
斯之篤耶試尋斯證可以有悟矣

華陽先生難

鎮軍均聖論

山民陶隱居仰諮

論云前佛後佛其道不異周室受命象寄狄
鞮隨方受職西國密塗厥路非遠唐虞三代
不容未有事獨西限道未東流非爲姬公所
遺蓋由斯法宜隱燧人火粒變生爲熟蓋佛

教之萌兆周孔二聖宗條稍廣見生不忍其
死聞聲不食其肉草木斬伐有時麛卵不得
妄犯又戒有五枝四者犯人人爲含靈之首
一者害獸獸爲生品之末內聖外聖義均理
一諮曰謹案佛經一佛之興動踰累劫未審
前佛後佛相去宜幾釋迦之現近在莊王唐
虞夏殷何必已有周公不言恐由未出非關
宜隱育王造塔始敬王之世既閻浮有四則
東國不容都寡夫子自以華禮興教何宜乃
說夷法故歎中國失禮求之四夷亦良有別
意且四夷之樂裁出要荒之際投諸四裔亦
密迹危羽之野禹迹所至不及河源越裳白

雖尚稱重譯則天竺罽賓久與上國殊絶袞周已後時或有聞故郅子以爲赤縣於宇内上是九州中之一耳漢初長安乃有浮啚而經像眇昧張騫雖將命大夏甘英遠届安息猶弗能宣譯風教闡揚斯法必其發夢帝庭乃稍就興顯此則似如時致通閡非關運有起伏也若必以緣應有會則昔之淳厚羣生何辜今之澆薄羣生何幸假使斯法本以救濟者夫爲罪莫過於殺肉食之時殺孰甚焉而方俟火粒甫爲教萌於大慈神力不有所躓乎若粳粮未播殺事難以息未審前時過去諸佛復以何法爲教此教之萌起在何佛秉四

戒犯人爲報作輕一殺害獸受對更重首輕
末重亦爲未達夫立人之道曰仁與義周孔
所云聞聲不食斬伐有時者葢欲大明仁義
之道於鳥獸草木尚曰其然況在乎人而可
悖虐非謂内惕寡方意在緣報覿迹或似論
情碩乖不審於内外兩聖其事可得是均已
不此中叅差難用頓悟謹備以諮洗願具啓
諸蔽

難云釋迦之現近在莊王唐虞夏殷何必已
有周公不言恐由來出非關宜隱育王造塔
始敬王之世閻浮有四則東國不容都無
答曰釋迦出世年月不可得知佛經既無年

曆注記此法又未東流何以得知是周莊之
時不過以春秋魯莊七年四月辛卯恒星不
見爲據三代年既不同不知外國用何曆法
何因知魯莊之四月是外國之四月乎若外
國用周正耶則四月辛卯長曆推是五日了
非八日若用殷正耶周之四月殷之三月用
夏正耶周之四月夏之二月都不與佛家四
月八日同也若以魯之四月爲證則日月參
差不可爲定若不以此爲證則佛生年月無
證可尋且釋迦初誕唯空中自明不云星辰
不見也瑞相又有日月星辰停住不行
又云明星出時墮地行七步初無星辰不現

之語與春秋恒星不現意趣永乖若育王造
塔是敬王之世閻浮有四此道已流東國者
敬王已來至於六國記注繁密曾無一槩育
王立塔非敬王之時又分明也以此而推則
釋迦之興不容在近周世公旦之情何得未有
難云夫子自以華禮興教何宜乃説夷法故
歎中國失禮求之四夷亦良有别意
荅曰弘教次第前論已詳不復重辨
難云四夷之樂裁出要荒之際投諸四裔亦
密迩危羽之野禹跡所至不及河源越嘗白
雉尚稱重譯則天竺罽賓久與上國殊絶衰
周已後時或有聞故郯子以爲赤縣於宇内

止是九州中之一耳漢初長安乃有浮圖而
像眇昧張騫雖將命大夏甘英遠届安息猶
弗能宣譯風教必其發夢帝庭乃稍興顯此
則似時有通礙非關運有起伏也
荅曰本以西域路近而大法不被此蓋由緣
應未發非謂其途爲遠也其路既近而此法
永不東流若非緣應未至何以致此及後東
被皆由緣應宜發通礙各有其時前論已盡也
難曰若必以緣應有會則昔之淳厚羣生何
辜今之澆薄羣生何幸假使斯法本以救澆
者夫爲罪莫過於殺肉食之時殺孰甚焉而
方俟火粒甫爲教萌於大慈神力不有所躓

乎若秔糧未播殺事難息未審前時過去諸佛復以何法爲教此教之萌起在何佛兼四戒犯人爲報乍輕一殺害獸受對更重首輕末重亦爲未達夫立人之道曰仁與義周孔所云聞聲不食斬伐以時者蓋欲大明仁義之道於鳥獸草木尚曰其然況在乎人而可悖虐非謂內惕寡方意在緣報覩迹或似論情碩乖不審於內外兩聖其事可得是均已不此中參差難用頓悟謹備以諮洗願具啓諸蔽

荅曰民資肉食而火粒未啓便令不肉教豈得行前論言之已具不復重釋衆生緣果所

遭各有期會當昔佛教未被是其惡業盛時後之聞法是其善業萌時善惡各有其時何關淳厚之與澆薄五支之戒各有輕重非殺戒偏重四支並輕且五業雖異而互相發起犯人之戒人重故先出犯獸之戒獸輕故後被訓戒之道次第宜然周公孔子漸弘仁惻前論已詳請息重辨若必以釋教乖方域之理外此自一家之學所不敢言

廣弘明集卷第五　典

懾之葉反伏也驚也　怡神上余之反和也　李傁下叟字丨老子也　槐里上回懷二音　佚音逸人名也莊子作失亦音逸字　西遁下徒困反隱也　猒祝上一

檢反正作瓛下呪字跨須化反越也矯俗上居小反妄也瑣音鑠消子
上俱玄反翻累上芳煩反下力瑞反碌碌音鹿丨丨多也常也老聃下他
甘反老子名聃字伯陽古諺下魚箭反俗言也或作該誤峙列上直里反
立也迢然上音調脩桃抱樸下延角交素也邈尒上眉角反遠也左腋
下音亦腋丨也不磷下良刃反薄石也濠上音毫睿哲上羊歲反丨丨
明也聖黃能下奴來反三足鼈也豕見上式旨反猪也繫述上胡計反
易有丨辭韶穆上市遥反下音目正云昭穆昭明也穆美也晉諱昭故改云部穆
彝倫上音夷常也捐擲上音縁棄也目閱下音悅丨覘也梗概
上加猛反下古愛反丨丨大略也靡費上密碑反正作磨下方未反丨丨散耗也
湮埋上音因沉也赫連上許客反丨丨複姓也獫狁險尹二音北狄
也陶甄上音桃下居延反丨丨鑪冶也取鎔鑄之義殲殄上子廉反下徒
典反丨丨盡滅也踈括上音踈正誣下音無謗也宗炳下音丙

釋駁 下必角反亦俗駁 顒 愚恭反 勰 胡帖反 淼 美小反 訊 音信問也亦作訦 甄鸞 上音眞 傅弈 付亦二音 槩 古愛反 曹植 下常職反 傳說 付悅二音 鈎弋 帀翼二音上作鈎誤也 柩 音舅棺丨 子駿 下子閏反 闠 胡塔反開也 老揄 下羊朱反木名 枯槁 下音考 腐朽 上音父 援揄 上音要引也 王莽 下母朗反 竇公 上音豆姓也 蟄蟲 上直立反蟲冬藏曰丨也 郄儉 上丘逆反 辟轂 上必亦反丨丨休食也

欒大 上盧官反 桀紂 上渠列反夏丨也下直九反般丨也賊仁之謚号也 姦詭 下過委反 妖慝 下他得反惡也 猿猻 下奴刀反亦猿之屬 夫雉 上音扶發語端也下直里反野鷄也 蜃 時忍反海中有丨吐氣爲樓臺 黿鼉 上音元下并減反 薄巢 上正作泊下助交反 垣屋 上音園墻也 娛 音愚樂也 匹夫 上疋字 誷 音罔字誣詷丨謗也 眩惑 上音縣 累稔 下汝錦反歲也 五柞 下音昨 殀之 上於小反丨亡 謚 音示死後之号 珪璋 圭章二音

美玉之珊邯鄲寒丹二音複姓也因國名立姓駭服上胡買反驚也乃摹
下莫胡反丨寫挹讓上正作揖伊入反虎光下詞姊反正作兕野牛也吻
武粉反口邊也否皮美反丨塞也稷僛上音即后丨也下音薢觳祖也而耳
下許庚反栖峙下直里反止也林壑下呼各反谷也抗孿上口浪反下音
秘形躁下則到反煩丨惕所上苦蓋反又丘列反匠斷下音卓正作錣
駢拇上步田反下音母籠罩下竹孝反匿怨上尼力反藏丨矛盾
上莫侯反下時尹反同前粗列上才古反略也縉紳上正作搢音進下音申以
笏插帶也今大夫皆日丨之士丨也祛丘魚反除也左椎下沒審反嘉遁
下徒困反隱丨也譸張上竹由反作輣非丨丨誑也戎狛下音陌鑾丨也
惟悅下兄往反與惚下音忽其徼下音叫小道也頑嚚下音銀愚
也唯之上君癸反蒞音利臨也馺然上蘇合反樿援上時扇反援伍
也致詰下起一反難問緬繩市陵反誤作繩梟鴟上古堯反一名伯勞

下直禁反毒鳥也麒麟其隣二音瑞獸也盜鄶下俱外反掊擊上布
口反杈也毀駮下必角反食噎下於結反食塞喉也困躓下音致丨礙也
不慍下紆運反怒也屏撥餅鉢二音除棄也爝火上音雀炬火也又才
約反譎怪上音決詐也儌詭上正作矯居小反下過委反丨丨誑妄也玄
邈下眉角反丨丨深遠皃漸漬下在智反丨丨浸也嵇子上音奚涓
子上俱玄反利鈍下徒困反不利也自牧下音目牧中也西裔下羊
世反邊丨秦壤下汝兩反土丨杳涬上煙曉反丨丨虛遠皃蕞茶上在
外反丨丨小皃又聚也軒轙下興宜反軒轅黃帝也伏羲太昊帝也齷齪
上於角反下楚角反丨丨急促皃丨赫胥上許客下下息徐反丨丨女媧之後第士
代氏也瑣瑣音鏁小小也跨傾化反越也狄鞮上音敵下音低納
贄下音至周禮云以玉爲六瑞表身之至也執有六贄以禽而作卿大夫士庶人工商
賈也姬公上居之反周姓也炎昊上于廉反下胡道反同前宍食

上肉字燧人上音遂火毋也取火教人熟食因以為名寠腥下音星生肉也

迄乎上許訖反汲引上音急歉腹上苦點反食不飽也春蒐

下音搜春獵曰蒐夏獵曰苗秋獮下息淺反秋獵曰獮冬獵曰狩麛卵上音

迷鹿胎也畋音田獵之惣名燎原上力召反燒也原廣平之野也不綱下音

剛綱之惣名弋音翼射丨也弋不射宿謂禽之夜聚恐傷羣類也酣醟上何

甘反酒樂也下音詠惡酒攘濫上而羊反丨竊也烹羊上疋庚反煑也

豢豕上音患下式旨反養猪也刲刳上苦圭反刺割也下音枯剖破也最

鑊上音頊下胡郭反郢子上側愁反張騫下去乾反通閡下吾蓋反

躓乎上音致丨躓也悖虐上蒲沒反逆也下魚卻反毒也內惕下他的反

廣弘明集　才六

四百七十六
典六

5-1366

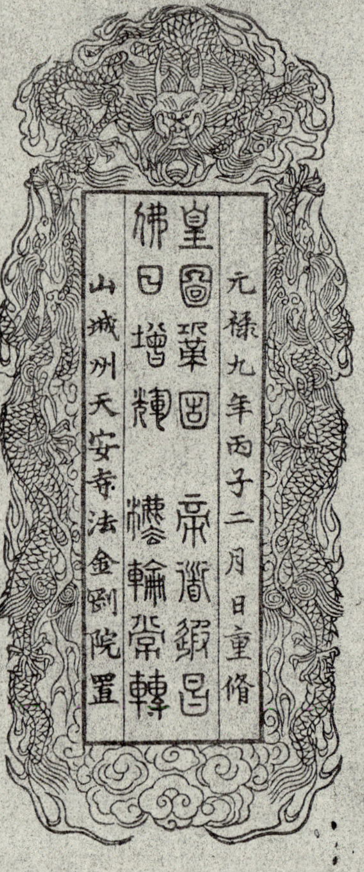

廣弘明集卷第六　　典

終南山釋氏

辨惑篇第二之二

列代王臣滯惑解上

有唐太史傅奕者本宗李老猜忌釋門潛啚芟翦用達其部武德之始上書具述既非經國當時遂寢弈不勝其憤乃引古來王臣訕謗佛法者二十五人撰次品目名爲高識傳一帙十卷抄於市賣欲廣其塵又加潤飾增其罪狀至於張曾據於漢中黃巾亙於天下斯並李門勃逆皆覆而不顯非謂篤論之文乎若夫城高必頹木秀斯拔推我淸峻故有

異道嫉之不足怪其鄙吝未見廝徒皁隸有加惱辱明非目翳何事屏除故因其立言仍隨開喻此則古來行事釋判天分未廣見者謂爲新致聊陳舊解略顯由途資此神開可稱高識又傅氏寡識才用寄人集叙時事廢興太半坑殘焚蕩之事可号非政所須沙汰括撿之條斯寔王化之本故僧條俗格代代滋彰此乃禁非豈成除毀傅氏通入廢限是謂披毛之夫終淪塗炭可悲之甚矣弃學周子史意在誅除捜揚列代論佛法者莫委存廢通跡二十五人大略有二初則崇敬佛法恐有淫穢故須沙汰務得住持其二則憎嫉昌

顯危身挾怨故須除蕩以暢胷襟祈列住持
王臣一十四人傳弈高識傳通列爲廢除者
今簡則興隆之人

宋世祖　唐高祖　王度
顔延之　蕭摹之　周朗
虞愿　張普惠　李瑒
衛元嵩　顧歡　邢子才
高道讓　盧思道

一列毁滅王臣一十一人傳弈高識傳列爲
高識之人今尋乃是廢滅者

魏太武　周高祖　蔡謨
劉晝　陽衒之　荀濟

章仇子陁　劉惠琳　范縝
李緒　傅弈　緘省除減半之
王文同
初序沙汰僧衆者夫以稊稂之穢青田榮華
之弊白首者良有以也故六羣之過興舍衛
十濫之僞起毗離大聖因立條章無學由而
正犯遂有七擯量其小失四法拔其大愆張
綱目而示三千顯律儀而陳八万故得正像
咸稱有道内外同号無塵自法漸王門金科
之刑無墜僧羅海岳蔵疾之隟滋彰舉統以
法繩之寡鮮之儀可覿隨機以時勸勉握泥
之喻自隣人誰無過垂珠之誡有津醜迹易

欣掩耳之失難覩所以宋唐兩帝王顏等賢鑒物性之昏明曉時緣之淳薄縱釋門之紛蕩則淄澠一亂彈僧徒之得失則涇渭殊流斥貪競之鄙夫毀藏積之僧滓存高尚之道德延重惠以攝人至如漢魏齊梁之爲政也恢恢天網取漏吞舟察察王政事兼苛濫所以大弘佛法通濟於五乘該洽明時陶漸於清濁使濁者知歸令自新於大造清者容養悟適化之多方其猶大赦天下逋逃因之改容忘瑕納衆羣小以之遷善堯舜豈非聖主而化不及丹朱漢祖焉樂亂階而亮貫高之逆孔門季路雖僻而預昇堂釋種達多乃邪

而參請衆是知權道抑揚神幾利用或收或縱事出乘時後序除廢三寶意者夫以保形存命有生之所貴重財愛食鄙俗之共珍故位稱大寶無以權於死生力拔靑山莫有亡於老病斯佛教也故四山常逼王位非常三相恒遷生涯有數斯實錄也俗有讖記之傳不知由何而得或云口授或述符圖虛然顯密布露士俗竊以五運更襲帝者一人自餘凡叟誰之顧錄周祖已前有忌黑者云有黑人次膺天位故齊宣惶怖欲誅稠禪師稠以高問云有黑人當臨天位稠曰斯浪言也黑無過漆漆可作耶齊宣妄解手殺第七弟渙

哉可笑也周太祖初承俗讖我名黑泰可以
當之既入關中改爲黑皂朝章野服咸悉同
之令僧衣黃以從讖緯武帝雄略初不齒之
張賓定霸元嵩賦詩重道疑佛將行廢立有
實禪師者釋門之望帝亦欽重私問後運是
誰應得實曰非僧所知帝曰如讖所傳云黑
者應得僧多衣黑竊有所疑實曰僧但一身
誰所扶翼況非僧也帝曰僧非得者黑者是
誰實曰至尊大人保信浪語外相若聞豈言
至聖黑者大有老烏亦黑大豆亦黑如是非
一可亦得耶帝聞有姓烏姓竇者假過誅之
元其情本疑意在釋遂即蕩除魏太武本是

戎鄉素無文墨八歲登位一信崔浩故兩帝
厚身信讒信讖陵殘佛化自取殃及旋踵更
興興由時來不在人力故經傳云佛化惟遠
終於六万歲時住持小聖功在九億無學不
可削也蔡謨巳下上事諸賢並挾私忿於僧
有隙發憤忘身何況佛法極筆而書罪狀深

文而挂刑網兇賊以驚視聽妖胡而動王臣
且律令條章未若凝脂之密謟謟天網自有
陷目之夫言賊斯即盜科述妖乃當死例書
表盛云妖賊未識妖賊是誰可謂匿名之書
足投諸火如須勘撿虛迹自形前後上事雖
有十賢荀濟一夫差有才用自餘連寫未足

人聞傅弈後來謂自脫顯言無典據才氣虛劣瓦礫云寶賢愚所輕然奕素本道門起家貧賤投僧乞貸不遂所懷蓄憤致嫌固其本志武德之始西來入京投道士王巋巋左道之望都邑所知見其飢寒延居私宅巋通人也待以上賓三數日間遂通其婦入堂宴語曾不避人巋有兄子爲僧寺近巋宅因往見之弈大瞋怒僧便告巋巋初不信曰傅弈貧士我將接在宅豈爲不軌耶僧曰叔若有疑可一往視相將至宅果如所言巋掩氣而旋巋有女聓爲果毅常以爲言弈既竊妻而傳妖不可筭矣如唐吏部唐臨冥報所傳神爲泥

人固其宜哉如別所顯
隋大業八年天子在遼有王文同者郊東王堡
人也夙與僧爭水磑之利勑令巡問軍實乃
矯詔集僧三木加身考令臣反并令引邑義
同謀遂誅翦僧徒於河間郡殺道俗近一千
人傳符達於蒲州酷聲遍於天下時竇慶爲
河東太守以狀奏聞帝大怒於河間戮之未
及加刑百姓臠之生噉乃及於土地以此反
倒下述及僧亦相符此然初因僧起謗毀佛
法咸因宿忿不思累劫之溺而欲一時泄之
泄在帝臣非關上事非位不謀已如前各徒
爲舉答終陷磨膂故集者隨傳叙之庶後業

之龜鏡也

後魏世祖　周高祖　宋世祖

唐高祖　趙王度　晉蔡謨

宋顏延之　宋蕭摹之　宋周朗

宋虞愿　魏張普濟　魏李瑒

齊劉晝　魏楊衒之

後魏世祖太武皇帝初立道學置道壇廢佛宗帝姓託跋氏諱伏釐後名燾鮮卑胡人之別種也西晉之亂有託跋盧據有朔方晉就封爲代王盧孫猗㐌鞬或云珪部落逾盛衆十万北連雲中西據陰山雲中南去漢塞四千里以東晉孝武太元初南至朔東三百里平

城爲都二十餘歲依華造殿宗事佛道登位三十四年至晉帝隆安中第三主託跋燾立時年八歲尚在幼沖信任司徒崔浩浩尤不信佛情重李老仙術以道德經授帝令諷味因便重之登位二年召天下方士有道士寇謙之者道門之魁傑也自云於嵩高值天尊飛下召謙賜以天師之号令奉太平眞君置静輪天宫可獲仙道列辟聞之若遺而浩深信之帝由是於平城郊置道場方二百步重層崇峻并備厚禮具如釋老志所述後改号太平眞君以遂寇謙之道命也因蓋吴作亂關中有沙門畜弓矢浩便進説與吴通謀遂

誅長安沙門焚破佛像四方亦然唯留臺下至眞君七年遂一切蕩除坑僧破像自以爲得志也爲讒所讟幽殺太子惡疾殃身方誅崔浩何斃及矣不久爲閹人宗愛所殺便崩其孫嗣立即開佛法天下大明第六帝孝文是稱文祖改姓爲元改代爲魏去胡服定官

名衣冠華夏移都河洛佛法大興然世祖勇於武略怯於文雄輕於自審重於信僞而弃叙爲命世之明后寔誣也哉尋弃搜撿列代上事言及釋門者大略五焉前已顯之今重昌辨一以業運冥昧報果交加二以教指俗僞終歸空滅三以寺宇崇麗顧陵嫉之四以

僧有雜行抄掠財色五以僧本緣俗位隆抗禮五相雖惑多以雜行者爲言焉斯不達之曲士也夫出家者取其發足超方形心異俗執持聖種震懾魔王天帝尚來下拜龍神無不奉者非無五三雜行犯法貪心婆娑於色味貪饕於名利斯等行乖佛化正法稊稂涅槃謂爲禿人梵網呼爲大賊戒海如屍不納僧條財法絶之斯禁顯然妄咎於佛深不可也至如俗士純臣有國常有行貞潔者重之爲貪競者罪之可以見一士乖僻合國並誅一官濁濫舉朝同翦斯不可也事見後魏書及十六國春秋世祖見一寺過起通國斬僧

無問少長一時殘戮可謂虜官長也判事雷
同弈引以爲明略明者逃矣又以見僧受供
厚禮頻繁自不能拔妬而增狀僧爲福田奉
之自獲其報官是攝政禄之以盛其功今王
賜臣下讓禄者是誰俗施僧財不受者常有
無禄之官不聞於國受俸之士充仞九州豈
以一士受賕朝廷爲之廢務一僧濫施釋門
由此致嫌又不可也是知清濁異途道俗通
有憲臺繩紏於失法詳刑科處於重輕斯俗
政也戒律以檢於七非擯罰以正於三格僧
制以遮其外犯法令以勗其内心此佛教也
是則道俗律令具足光明昭彰於四俗顯昌

於五衆有何不盡須尒上言所以
上帝高居於九重般鑒四海列辟靡監於王
事職司其憂尒非其司妄行干政徒爲濫職
何用當官故後之上事希有從之者故經説
四依擬分僞濫人識難辨法智易明何得見
一僧行過上累佛宗見一戒或虧便輕正法
上可以道廢人以人不弘道也不可以人廢
道以道高出天人抑又詳之今以五常檢人
何人能具五孝檢士何士備之讀易而忽陰
陽講禮而存倨傲闇君賊臣代代常有尸禄
亂政時時更繁孔門三千顔生獨爲德行君
人二十九代唐堯常據其言初略述統詳則釋

門藻鏡者叛矣
二周祖武皇帝志存道學躬受符籙猜忌佛門
帝姓宇文氏諱邕太祖魏丞相黒泰之第三
子也族本鮮卑元魏之末太祖挾魏平陽王
西頓關中經魏四帝二十三年薨世子洛陽
公受魏禪稱周當年被廢立弟寧都公爲帝
四年崩謚明帝兒小立弟曾國公爲帝即高
祖也改号保定元年深謀獨斷猜忌爲心晦
迹親疎以蒙智術保定六年改元天和前後
經于一紀大冢宰晉國公宇文護太祖之猶
子也躬受遺詔輔翼帝圖雄略攝御光時佐
國恐有廢立便引入内殺之并子十人族大

臣六家改元建德誅除雄武摧翦捍城慮遠權衡英威自若而能克己勵精露懷臣下布袍菲食勞謙自持躬履行陣步涉山谷故得士卒之心死而不猒時有讖記忌於黒衣謂沙門中次當襲運故帝初大信佛以事遍身遂行廢蕩以建德三年納道士張賓矦辯便滅二教更立通道觀用暢本懷至建德五年平齊既訖自以爲滅法之福祐也改元宣政至五月因癘而崩於雲陽子贇嗣位殺齊王父子十人正月一日改元大成禪位其子衍改元大象自号天元皇帝便開佛法然則禍深福淺過掩其功明年五月崩謚曰文宣後

年正月改元大定二月内禪位有隋故弈述
去觀武帝爲政果決能斷此其志也既除妖
邪之教唯務强兵五年之間大勲斯集盛矣
其有成功也集者曰弈去無佛則國安祚遠
如何周祖誅除纔了亡崩忽臨則弈爲狂矣
然則武帝唯武曾不遲疑隨心使意便行誅
戮害叔毀佛欺誷已深祚促曆移固其宜矣
況復癘及其身呼嗟何及殃鍾禍集又可悲
涼乃以指正佛爲妖邪指僞道爲師奉闇君荒
主豈待夏殷固謚法之司魏周滅法之主俱
爲武者不亦宜乎餘有除毀相狀感於苦報
如别具述

三宋世祖孝武皇帝沙汰僧徒并致敬事帝
姓劉氏諱駿文帝之第三子也爲父討逆斬
兄邵於南郊并子三十一人自立改元孝建
二年誅叔義宣大明二年誅王僧達父子有
羌人高闍反事及沙門曇標下詔曰佛法訛
替沙門混雜未足扶濟鴻教而專成逋藪加
以姦心頻發凶狀屢聞敗道亂俗人神交忿
可付所在精加沙汰後有違犯嚴其誅坐遂
設諸條禁自非戒行精苦並使還俗詔雖嚴
重竟不施行先是晉成帝時庾氷專政欲令
沙門致敬王者何充王謐等駁議不同及桓
玄篡位復述前議俱不果行備如別述世祖

以大明六年使有司奏議令僧致敬旣行刳
斮之虐鞭顔皴面而斬之人不勝其酷也且
僧拜非經國之典亦不行之大明八年崩子
業立尋爲明帝所奪而傳弈叙爲高識之帝
濫刑何識之可高耶倏忽絶嗣身名俱滅可
爲殷鑒矣案蕭子顯述曰宋氏自稱水德承
運典午正位八君十年五紀四經嫡三号中
興間關禍難相陵骨肉何可言哉
四大唐高祖太武皇帝沙汰釋李二宗詔帝
以武德末年僧徒多僻下詔澄簡肅淸遺法
非謂除滅尤爲失旨故詔云朕膺期馭宇興
隆教法深思利益情在護持使玉石區分薰

猶有辨長存妙道永固福田正本澄源宜從沙汰斯正詔也而弈叙爲滅法則誣君罪罔值容養寬政網漏吞舟故存其首領耳餘如後述

弈又引元魏尚書令任城王澄奏議不許邑里更造伽藍妨人居住又引尚書令高肇奏僧祇户粟散給貧人閱其表奏無餘毀狀但在匡政理敎除其僻險斯之詳糺弘護之規諫乎五後趙中書太原王度奏議序石虎下書問曰佛号世尊國家所奉閭里小人無爵秩者爲應得事佛不又沙門皆應高潔貞正行能精潔然後可爲道士今沙門甚衆或有

姦宄避役多非其人可料簡詳議度奏以王者郊祀天地祭奉百神故禮有恒饗佛生西域非中華所奉漢氏初得其道唯聽西域人立寺都邑魏承漢制趙由舊章請趙人不聽詣寺已爲沙門者遣還初服朝士多同此議虎下詔曰度議佛是外神非諸華所奉朕出

邊戎宜從本俗夫制由上行永世作則苟允事無虧何拘前代其夷趙爲道士樂事佛者悉聽餘有弃爲潤飾多陳妖詐道家之書僞妄自昔黄書合氣士女淫行赤章厭禱幽明亂起是知妄作者凶亂俗者殺罪有餘矣何者弃云佛圖澄令弟子遊説郡國支遁之徒

爲其股肱翻三玄妙旨文飾邪教斯言訕謗天地不容何者佛圖澄者得聖之人也乳孔流光不假燈炬之照聽鈴映掌坐觀成敗之儀兩主奉之若神百辟敬之如佛預啓東儲之貳前表石葱之禍及難生妖現諫虎以刑濫法深饗壽不遥斯言甚切而弈乃云令虎殺姪取其帝位何斯言之過歟又云支遁之徒爲其羽翼晉氏南度止一道林雖是同時江山胡越安得散身奔北股肱趙朝又云翻三玄妙旨文飾邪教此亦虚言何得妄旨且道之述作止在五千自餘千卷都是虚詐備詳魏日姜斌事乎然則自忖者審謂僧亦然

且佛之教義綸綜有歸前後文理無相乖競尋繹道經濫竊何甚不能自立一義並謗佛宗或四果十地連寫内經或地獄天堂全書佛旨斯並業行之昇沉報因之盛則也間以位行階級則事逾河漢如何敘集圖傳迷俗亂眞無纖毫以助化有山岳之負犯枉沒卒歲又可悲夫

六蔡謨字道明陳留人晉太常彭城王紘表以肅祖好佛道手畫形像於樂賢堂經歷寇難而堂猶存宜勑著作咸使作頌顯宗出紘表博議謨曰佛者夷人唯聞變夷從夏不聞變夏從夷先帝天縱多才聊畫此像未是大

晉盛德之形容今欲發王命勅史官上稱先帝好佛之志下爲夷狄作一像之頌於義有疑焉康帝即位拜司徒永和四年五月詔書下固執不就上疏乞骸骨及孝宗臨軒徵謨不至自旦至中皇太后詔罷朝公卿奏送謨廷尉以正刑書謨率子弟素服詣廷尉待罪詔免爲庶人便杜門不出斯並剛愎之鄙夫井坎之固量也而弃叙爲純臣未爲篤論何者謨之諷議扃據神州一域以此爲中國也佛則通據閻浮一洲以此爲邊地也即自而叙斯國東據海岸三方則無無則不可謂無邊可見也此洲而談四周環海天竺地之中

心夏至北行方中無影則天地之正國也故
佛生焉況復隄封所及三千日月万億天地
之中央也唯佛所統非謨能曉且庸庶生常
保扃氷執自古同謂家自爲我土樂人自以
爲我民良不足怪也中原嵩洛土圭測景以
爲中也乃是神州之別中耳至時餘分不能
定之江表島夷地卑氣厲情志飛揚故曰揚
州晉氏奔之更稱文國變夷從夏斯言有由
則孔子居九夷非陋也且有德則君人無道
則勃亂故夏禹生於西羌文王長於東夷元
魏託跋宗族北狄並君臨瀆岳響明南面豈
以生不在諸華而逆其風化也至如由余西

戎孤臣秦穆因而霸立日磾玁狁微類漢武
納而位存故知道在則尊未拘於夷夏也蔡
謨堅固自守未曰通人拒詔違命負罪殿廢
正刑可矣抑又詳之盈尺俓寸之珠璧本惟
絶域窮神達理之睿聖不限方維故崆峒非
九州之限崑崙乃五竺之地而黄帝軒轅並
西奔而趣之李老尹喜又接武而登之斯何
故耶知可歸矣且見機而作無俟准的至如
夏桀之爲政也焚黄圖誅龍逢秦政之酷暴
也燒經籍坑儒士時俗傳之無道之君也然
埏埴塼瓦非曰桀功起予皇帝未尊吕德然
累葉盛行義須褒貶古人有言堯舜未必全

聖桀紂何能極愚然而並歸咎於夏殷尊嚴
於唐虞者偏黨不倫之詭經也蔡氏褊隘何
足可稱唐特進鄭公魏徵策有百條其一條
曰問佛經興行早晚得失　荅
珠星夜隕佛生於周辰白馬朝來法興於漢
世故唐堯虞舜靡得詳焉孔子周公安能述
也然則法王自在變化無窮納須弥於芥子
之中覆日月於蓮花之下法雲慧雨明珠寶
船出諸子於火宅濟群生於苦海砮得砥則
截骨而斷筋車得膏則馬利而輪疾誠須精
心迴向縶志歸依宜信傅毅之言無從蔡謨
之議斯國之重臣也可謂高識有歸故太宗

敬而制碑手書其石祔塋于昭陵爲万代之
模楷也蔡謨年事俱盡功用罕施自揣無能
之固辭於公政可也而叙華夷事隔末曰通
人又不足可稱焉
七宋顔延之琅琊人有文章好飲酒放達不護
細行宋元嘉中遷太常沙門慧琳以才學廻
拔爲太祖所賞每升獨榻之禮延之嫉焉曰
此三台之座豈可使刑餘居之帝變色弈叙
之爲名士斯可知也以琳得寵於文帝延之
非莅政之能官嫉而識之既不預朝廷退居
里閈子竣爲楊州刺史乘軒還宅延之負杖
避而譏之不營産業布衣蔬食獨遊野外時

謔以其不參朝賢亦顯論所不及豈不以無
預獨榻之榮嫉琳而謂刑餘也餘如達性論
所評議也然顔公著論褒讚極多至如通佛
影迹通佛頂齒爪通佛衣鉢杖通佛二氎不
然皆置言高拔羣英之所模楷者刑餘之言
一時之貶琳耳其四論並見宋陸澄續法論
八蕭摹之蘭陵人宋元嘉十二年爲丹陽尹
奏稱佛化被於中國已歷四代塔寺形像所
在千計進可以繫心退足以招勸自頃已來
敬情浮末不以精誠爲至更以奢競爲重違
中越制宜加檢裁不爲之防流遁未已請今
後鑄銅像造塔寺先詣所在陳事列言待報

聽造觀斯奏狀抑止奔競非曰除滅斯寔住
持之相居然昌顯矣
九周朗汝南人宋世祖時仕廬陵王史上書
曰自釋氏流教其來有源舒引容潤既亦廣
矣而假糅醫術託以十數外刑不容内教不
悔而横天地之間莫之糺察今宜伸嚴佛律
裨重國令其疵惡顯著者悉宜罷遣餘則隨
其藝行各爲之條例使禪義經誦人能其一
食不過蔬衣不出布若更度者則令先習義
行本其神心必能草腐人天竦精已往者雖
侯王家子亦不宜拘意同前矣
第十虞愿會稽人士宋明爲中書善容止直

忤言帝好弈頗廢政事愿曰堯以此教丹朱非人主所好帝怒令曳下殿初無懼色二三日復召來明帝以下所居故第起湘宮寺制置宏壯愿曰此寺穿掘傷螻蟻塼瓦焚虫豸勞役之苦百姓筋力販妻貨子呼嗟滿路佛若有知念其有罪佛若無知作之何益忤旨出守晉安此寔大慈之本懷得佛之遺寄而弈謂爲除彈匪其意乎

十一張普濟常山人善百家之說太和中遷諫議大夫至孝明立不親視朝過崇佛法郊廟之事多委有司營造寺像略無休息乃上諫略云

伏願淑愼威儀万邦作式躬致郊廟之虔親
紆朔望之禮則一人有喜兆民賴之然後精
進三寶信心如來道由化深故諸漏可盡法
隨禮積故彼岸可登書奏不報濟諫如此而
弈弄筆妄加荒穢之婬僧遊於宮內恣行非
法凡是妃主莫不通婬百姓苦之而上不覺
斯言姦蕩何得妄施宮禁有限防禦有則擅
言婬僻縱筆陳妄據大史之任摠清愼之機
專構私憤顯行輕毀梟能食母君子耻聞亭
曰栢人漢后夜遁非狂非醉斯言難玷但弃
自行婬穢其黨例有妻孥故李耳李恩王之
編戶張衡張魯天師子孫宗胤顯然無宜不

有不知今日道士何爲劾僧遠財絶色清高
獨往不拘俗累甚可怪也故弃重其財色毁
僧同之如老子化胡經云旣化胡王令尹喜
爲佛性强梁者毁形絶好斷其妻娶不令紹
嗣故名沙門自餘軟善任從其本則妻子不
絶也約斯論事觀中道士衣冠容制不異俗
流妻子承嗣義依道法不可怪也是以仙童
玉女侍老君之側黄庭朱戶述命門之事深
欲擬僧斯蹤難泯遂行流謗固其然哉

十二魏李瑒趙人魏延昌末爲高陽王友于時
人多絶戶爲沙門瑒上言曰禮以教世法導
將來跡用旣殊區分亦别故三千之罪莫大

於不孝不孝之大無過於絶嗣然則絶嗣之罪大莫甚焉安得輕縱背禮之情而肆其向法之意也寧有弃堂堂之政而從鬼教乎靈太后責以鬼教謗毁佛法瑒曰竊欲清明佛法使道俗兼通非敢排弃眞學妄爲訾毁且鬼神之名皆是通靈達稱三皇五帝皆号爲鬼易曰知鬼神之情狀周公自美亦云能事鬼神禮曰明則有禮樂幽則有鬼神佛非天非地本出於人應世導俗其道幽隱名之爲鬼愚謂非謗靈太后不罪後遇害於河陰詳瑒上言欲沙汰僻左非爲𤷍謗矣

十三劉晝渤海人才術不能自給齊不士之

著高才不遇傳以自說也上書言佛法詭誑
避役者以爲林藪又詆訶謡蕩有尼有優婆
夷實是僧之妻妾損胎殺子其狀難言今僧
尼二百許万并俗女向有四百餘万六月一
損胎如是則年族二百万户矣驗此佛是疫
胎之鬼也全非聖人之言道士非老莊之本
籍佛邪說爲其配坐而已詳畫此言殊塵聽
視專言墮胎殺子豈是正士言哉孔子見人
一善而亡其百非鮑生見人一惡而終身不
忘弘隘之迹斷可知矣狂哲之心相去遠矣
然則天下高尚沙門有逾百万財色不顧名
位莫緣斯德隱之妾張娙殺一年誅二子沙

門且然一歲有二男編戶誰是吐言孟浪未
足廣之而弈重爲正諫及後上事還陳此略
考校則劉晝之門人矣
十四陽衒之北平人元魏末爲秘書監見寺
宇壯麗損費金碧王公相競侵漁百姓乃撰
洛陽伽藍記言不恤衆庶也後上書述釋教
虛誕有爲徒費無執戈以衛國有飢寒於色
養逃役之流僕隸之類避苦就樂非修道者
又佛言有爲虛妄皆是妄想道人深知佛理
故違虛其罪啓又廣引財事乞貸會積無猒
又云讀佛經者尊同帝王寫佛書師全無恭
敬請沙門等同孔老拜俗班之國史行多浮

險者乞立嚴勒知其眞僞然後佛法可遵師
徒無濫則逃兵之徒還歸本役國富兵多天
下幸甚衒之此奏大同劉晝之詞言多痛狠
不經周孔故雖上事終委而不施行而弃美
之徽於府齋致使浮遊浪宕之語備寫不遺
斯乃曲士之沉鬱非通人之留意也

廣弘明集卷第六

傅弈付亦二音猜忌上七才反疑也芟翦上音衫除伐也憤房粉反懣
也訕謗上所閒所晏二反丨亦謗也頹墜徒回反墜也凊峻下私閏反
高也鄙吝下良刃反廝徒上音斯賤隸也阜隸上皂字下麼帝反丨丨僕
使也目翳下一計反屛除上音併沙汰下音太挾上胡帖反懷丨

典

也摹之上莫胡反愿音願瑒音羊衒之上音縣章仇下音求丨
丨複姓也縝之忍反稊稂帝郎二音二草皆似禾七擯下必刃反律有
七擯大愆下去乾反罪也隙丘逆反孔丨也又怨丨覿徒的反見也握
泥上於角反手丨淄澠上側思反下音緬二水名涇渭經謂二音亦水名
斥音尺棄也僧滓下側史反恢恢苦回反大也苛濫上音何虐政也
該洽上古哀反丨愽也下侯夾反沾丨也逋逃上必蒲反丨亦逃也忘瑕
下音遐愆過也僻疋亦反逼彼力反讖記上楚禁反有徵之書同丨丨也
凡変下叟字渙音喚咲笑字讖緯下音謂竇音豆並挾下胡
帖反有隙下丘逆反瑕丨也罅丨也發憤下房粉反怒也秃賊上他谷反
滔滔土刀反陷目上咸字去聲脫頴下以領反鋒利也瓦礫
下音曆乞貸下他代反巋丘水反果毅下魚既反勇也筭字
算字堡音係水磓下吾對反著也矯詔上居小反誑也酷嚳上苦篤反

毒之甚也戮之上音六殺丨也臠之上吕轉上反割丨泄音薛愿音願
瑒音羊衘之上音縣託跋下蒲末反丨丨複姓也伏釐下力之反
燾音盜鮮畀上息淺反外國名翼鞬下居言反魁傑上苦回反下渠
列反丨丨雄扌過人也列辟下必亦反丨百官也弓夭下式旨反箭也
亦作矢讒助衘反丨佞也黷音讀私狎也垢汚也闇人上邑壒反宮官也
怯去劫反畏也誣音無謗也按檢上搜字同抄掠上楚敎反下音略丨
卜劫奪也震慴下之葉反丨丨驚顫貝貪饕下音鐵貪食也稊稂題郎
二音同前受俸下房用反祿蔆也充牣下音刃益也作仞誤賕音求枉法
受財也憲臺上音獻法也繩紇下俱有反朂許玉反勸也倨傲
上音據下吾告反薨兄弘反亡也謚音示死後之号扞城上胡旦反權
衡下户庚反布袍下步高反長襦也菲食上芳尾反微也薄也贇於倫
反衒音演祻深上古文禍字祚扌故反福丨也欺惘下音罔正作誷

詿也騃子閨反訛替上愚和反丨丨謀廢也逋藪上必蒲反下音叟
庚氷上於主反姓也諡音蜜駮議上必角反篡位上初患反奪也刹
斮上音枯剖破也下阻略反斬丨之虐下魚却反若丨皺面上七旬反皺也酷
苦毒反倏忽上音叔嫡音的正也馭上音御薰蕕上兄云反香草
也下音由臭草也肇音召姦宄下音軌料簡上音寮支遁下徒
困反股肱上音古下俱弘反股腿也肱臂也謂左右輔佐如人丨丨也誑謗

上音紫口毀也亦作訾呰同東儲下音除副貳也姜斌上音薑下彼巾反
自忖下七本反綸綜下子宋反尋繹下音亦理也纖毫上息廉反
王紘下惠萌反杜門上徒戶反塞也剛愎下彼力反或作愎誤也剛強也
愎頑也隄封上音題積土也封疆界也測景上昌側反日磾下音伭漢
臣有金日丨玁狁上語檢反下音允北狄名上亦作獫音險鏗固上苦耕反
正作硻丨堅也殿廢上丁見反徑寸上古定反豎闊也崆峒二字音空

同仙山名軒轅下音園黃帝号也夏桀下渠列反埏埴上失然反柔也
下時力反土也褒貶上必毛反美也下悲檢反黜也猵隘上甲緬反下於賣反
丨丨窄塞也隕羽敏反丨没也丨墜也砮乃古反一音奴石可為箭鏃砥
音旨磨石也縶志上直立反繫也祔葬上音附合葬也模楷上忙胡反
下口解上反丨丨法則也自揣下初委反丨量莅政上音利臨丨也里閈
下胡旦反里門也子竣下七旬反評議上平病二音假糅下尼幼反

雜也裨音卑助也疵惡上疾斯反病也會稽上古會反下音雞越地名忤
音悮觸也好弈上去聲下音亦博丨宏壯上惠萌反大也螻蟻上音樓
蟲豸下直介反有足曰蟲無足曰豸筋力上音斤敗妻上方万反賀
子上莫候反丨易淑慎上音孰有憘下音喜妃主上芳微反丨后
梟古堯反鳥名也又云伯勞是也拍人上音陌擊也玷音點痕也妻娶
下七聚反泯米忍反丨絕也訾毀上音紫口毀也俗作呰詆訶上音底丨

丨毀謗之辱　殁胎上或誤作疫　恤思律反憂丨也　乞貸下他代反借也

痛猥下烏每反鄙丨也

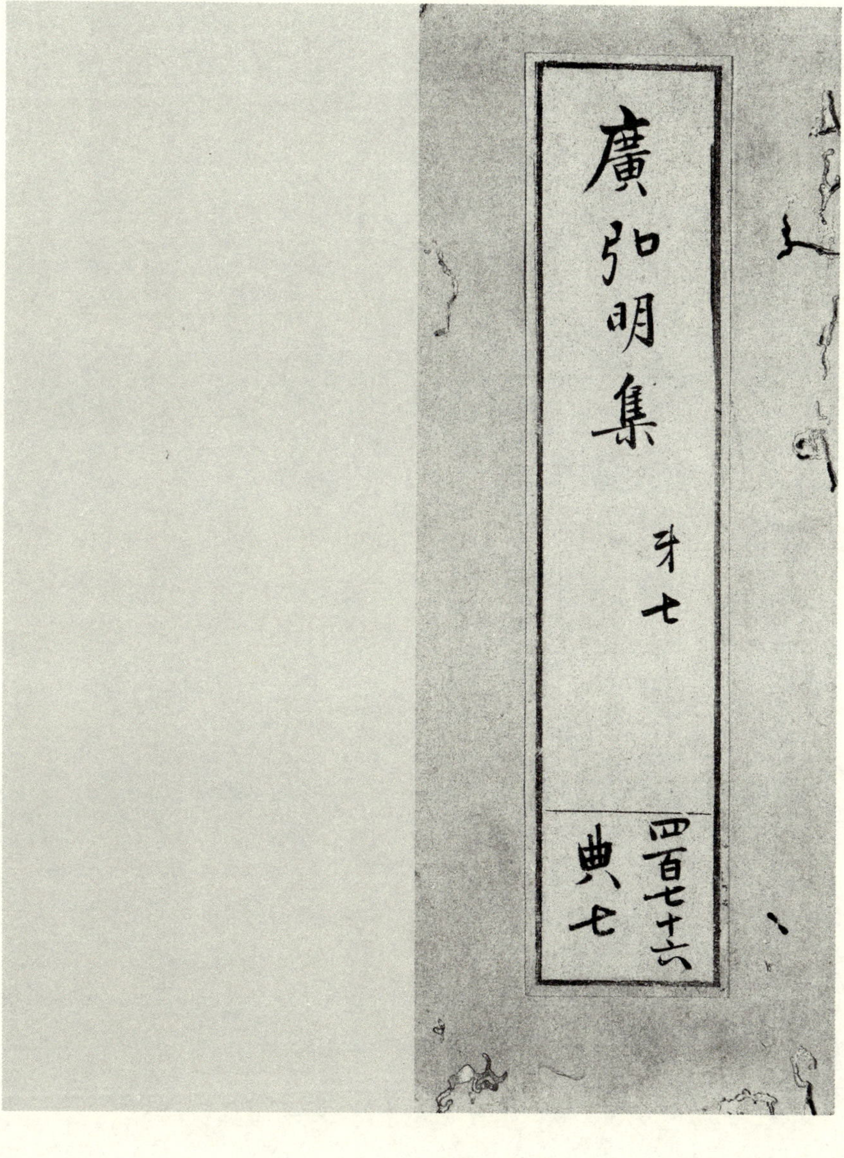
廣弘明集
第七
四百七十六
典七

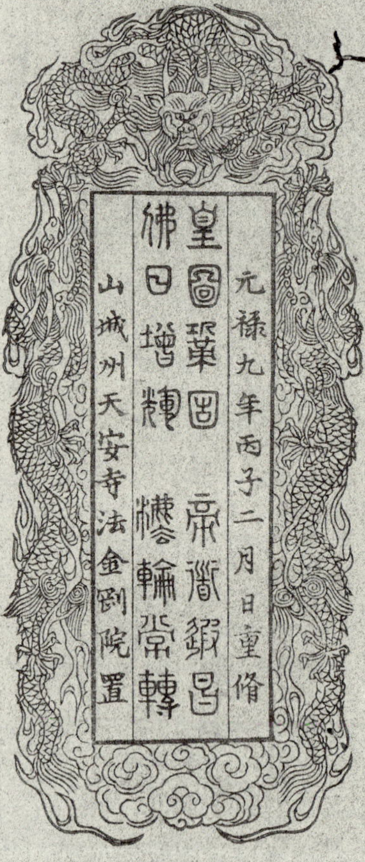
元祿九年丙子二月日重脩
皇圖鞏固　帝道遐昌
佛日增輝　法輪常轉
山城州天安寺法金剛院置

廣弘明集卷第七　　典

唐終南山釋氏

辯惑篇第二之三

敘列代王臣滯惑解下

梁荀濟　　齊章仇子陁

周衛元嵩　　宋劉慧琳

范縝一篇看文　　齊顧歡　　魏邢子才

涼高道讓　　齊李公緒

隋盧思道　　唐傅奕

十五荀濟潁川人後居江左博涉衆書志調矯俗初與梁武帝布衣相知及帝登位仕不及之濟負氣曰會盾鼻上磨墨作檄耳帝深

不平之梁州刺史陰子春左遷濟作大詩贈
之文傳時俗或稱于帝者帝曰箇人雖有才
亂俗好反不可用濟以不得志常懷悒怏二
十餘載見帝信重釋門寺像崇盛便于時上
書論佛教貪淫奢侈妖妄又譏造同泰寺營
費太甚必為灾患其表略以三墳五典帝皇
之稱首四維六紀終古之規模及漢武祀金
人黃新以建國桓靈祀浮圖閹豎以控權三
國由茲鼎峙五湖仍其荐食衣冠奔於江東
戎教興於中壤使父子之親隔君臣之義乖
夫婦之和曠友朋之信絕海內殽亂三百年
矣濟所控詞述於僻者至於貞槩絕俗固莫

敘之斯偏黨也述金人之初降致黃新之篡等並安擬也至如周斬紂首豈見佛經秦坑儒士非關釋化禮崩樂壞未覩浮圖戰國無主何關僧僞乃云綱紀之亂何能亂之夫婦父子何人不是但妄言耳不足述之然濟極言罔僧深訾佛者統知上書必不會旨亦知不能排除佛法直是恨帝不拔於微流無榮官於朝廷也所以鄙詞罵僧深文毀佛其實寄意罵於上帝也後之醜詞並擬斯矣

濟表云稽古之詔未聞崇邪之命重沓歲時禘祫未嘗親享竹脯麵牲欺誣宗廟違黃屋之尊就蒼頭之役朝夕敬妖怪之胡鬼曲躬

供貪淫之賊禿躭信邪胡諂祭淫祀恐非聰
明正直而可以福祐陛下者也濟吐斯言故
動怒也梁祖享祀於晦朔四時交易於温清
流涕動於臣下興言賦於孝思故景陽臺至
敬殿咸陳文祖獻后之真何得言未嘗親享
故反前事肆情罵之竹脯麵牲用替犧粟蘋
藻礿祭豈唯有梁之時屈尊就卑乃万代之
希有遺若脫屣豈百王之虛構哉自非行惣
八恒位隣上忍安能行慈絶慾於盛年長齋
竭誠於終事哉
又曰臣請言得失推校是非案釋氏源流本
中國所斥投之荒裔以祛魑魅者也乃至舜

時竄梼杌於三峗左傳允音捐姓之姦居于瓜州是也杜預以允姓陰戎之別祖與三苗俱放於三峗漢書西域傳塞種本允姓之戎世居燉煌爲月氏迫逐遂往葱嶺南奔又謂懸度賢豆身毒天毒仍訛轉以塞種爲釋種其實一也允姓與三苗比居敦迹和洽其釋種不行忠孝仁義貪詐甚者号之爲佛佛者戾也或名爲勃勃者亂也而陛下以中華之盛曽方尊姚石羌胡之軌躅竊不取一也案允姓之居燉煌西戎也懸度賢豆等南梵也西戎即敘禹貢所傳懸度已下荀濟加謗不讀三史奚以定之尋夫懸度乃北天之險地

乘索而度也賢豆天竺仁風所行四時和於
玉燭土絶流霜七衆照於金鏡神機猛利人
傳天語字出天文終古至今無相簒奪斯是
地心号中國也人行忠孝何謂無之濟之所
言同田龍罪三皇非五帝者詎可聞哉
又桉釋迦出戎剖脇而誕摩耶遂殂事符梟
鏡年長爭立内不自安背父叛君遊節弥甚
達多投石難陁引弓變革常道自餓形骸安
能濟物聚合兇徒易衣削鬚設言虚誕不足
承禀九十六道此道最貪叶彼淫愚衆多崇
信至如瑠璃誅釋瞿曇路左視之在生親尚
不存既殁踈何能救斯即不行忠孝若天下

習之陛下則無以自處不取者二也尋經剖
腋而誕義出前經以懷天師功德大故非諸
人供可以奉之又知母人命將欲終故生七
日已上報天中然則脇誕背剖此亦有之不
同梟獍如何濫委引弓投石事出權行叛君
逆節一何誣謗自餓以化外道變俗以靜貪
門而云諸道佛道最貪全成毀訾誅國而不
護國示業雖云群典廣之理路蕪沒濟巧於
全會補怗成文斯曰有才不妨無狀
濟又云今僧尼不耕不偶俱斷生育傲君陵
親違禮損化一不經也觀濟此指專擬帝躬
深知僧尼絶慾用則超生斯義可從固所不

迸然不偶斷肓斥帝行之無容顯論寄僧罵
上也又云凡在生靈夫婦配合産育男女胡
法反之多嘗泥木專求布施寧非巨戾二不
經也濟之不經斯事顯也胡法不婬胡從何
有泥木布施舉事見譏然佛之非胡乃爲天
種胡乃戎類本異梵鄉猶言神州号爲漢地
今檢漢者止可方于梁漢雖曰初封帝都在
於京洛自餘吴楚未曰中華陸渾觀戎又戎
變夏矣唯佛一法教絶色心胡梵二種生生
常習濟云姦胡矯詐自稱大覺而比丘徒常
行婬殺子僧尼悉然害螻蟻而起浮圖費財
力而角堂宇若牟尼能照而故縱婬殺便是

詐稱慈悲徒能照而不能救又是大覺於羣生無益而天下不覺三不經也斯又巨謗之大怪通人達士豈其言哉猥曲醜事豈照此矣然大盜取國天下之罪人行婬殺子自是佛法之賊濁現則擯於四國來報則沉於三途而謂僧尼悉然加誣之大甚也又云大覺無慈又云於生無益斯並以愚量智以聖齊凡抗大覺之成化失淳人之弘善可謂螗蜋有拒輪之勇井蛙滯坎井之心哉

濟云胡法慳貪唯財是與直是行三毒而害万方未見修六度而隆三寶四不經也且財食厚生貪夫之所沒積而能散廉士之恒情

六度檀捨爲初唯佛宗而立位三寳佛爲教主及正覺之流慈無佛法安知六度之功絶慈風豈識三寳爲正化濟以不得其志没齒陷之但增貪競以吝人未顯猒身以袪滞俗中恒士尚不虚言濟寔鄙夫輕馳寸筆獨不聞顧雍拜万户封家人不知葛亮受三都賞庫無尺絹謝安平百万賊愀然改容能仁捨四有帝遺如涕唾斯實録也況復捨身受身觀三界如牢獄唯財唯食誡八微之毒虵衣鉢自隨若鳥之遊空府去留無滞類凫之泛長川此等之徒名沙門也故經云僧無犯戒不清淨者若反於此不名爲僧豈得以賊臣

虐主等稷偰與唐虞稊莠荊棘比嘉苗及美
木夫立言設諫淸濁兩分全惘以昏冕都奄
諸髭彥理不可也于時有梁之爲政也仁育
爲初帝則絶慾蔬食僧則詞林義窟冒行蠅
點足可投俾獸虎矣通人爲論理則統之去
瑕掩過士之恒務故曽之儒行唯孔一人濫
吹竊服時唯傾國僧之眞僞權實難分唯佛
得知餘存視聽故濟不達無足煩論恨其早
被火灰面陳豈不知返
濟云佛家遺教不耕墾田不貯財穀乞食納
衣頭陀爲務今則不然數十万衆無心蘭若
從教不耕者衆天下有飢乏之憂違教設法

不行何須此法進退未爲盡理五不經也然濟知有遺教則知有蘭若之徒未知教有張施豈委三寶基業但佛德宏大天供尚自下臨僧田福廣神壤義當上涌教有開合隨根制宜不可局以粮粒用道以通利物故經云若我弟子如法修行如來白毫相中無量功德百千万分取一分供我弟子受用無盡故知爲道出家爲道興供爲道而受爲道弘福道本虚通非俗籌議故受四事還宗佛德經云如法受施千金納之必乖佛化杯水不許何得妄言惟貪財食又經云住我施受入闇無見反此而行如空無盡者是也是知心外

無境見境是心故使供施隨心積散非外經
云六度在心不在事斯正言也引證可知
濟云涅槃發問世尊滅後經教若爲得與波
旬經別觀此發問則瞿曇存日門徒不能分
辨眞僞況中華避役姦詐之侶焉不迷惑者
尋濟此言全非有識文明滅度魔佛難分豈

迷佛世門人不識經中三種四依考定魔佛
邪正非濟所知彼亦不迷又云中華避役姦
侶焉不迷惑者斯是讜言誠非所解非避役
者堪能辨之介何不論掩善揚惡專爲務也
涅槃經云避役出家無心志道我當罷令還
俗爲王策使斯正言也如何不録以上之

濟又云涅槃闍王害父者婆叙狀佛以理除令其迷解俗唯事結惑網逾深故以陰界入中求父不得本唯妄想謂父實人橫生啚害取其重位若先達解知父本空何心起逆國亦非有由佛開化達悟妄心退悔懃謝獲無根信濟不達此以事徵理斥天子注經譏臣下逆亂謂佛說無父無父須除執迹毀教不足怪其愚闇也餘有瑣碎似像之事比擬繁論固同此例又引張融范縝三破之論前集備詳有抗融縝之詞見於後述乃云融縝立論無能破之是虛言也

濟云自古帝師諸侯賔友千載一逢猶如旦

暮賢明希世宇宙獨立今乃削髮千羣不臣
万衆稱爲帝師未之可也姚石玉食三千佛
寺瓊宮八百供敬厚矣終獲苗胤屠滅宋齊
巳降莫懲前失餘有罵僧醜詞足可掩耳畢
寄詛帝之語同莊蒙之寓言焉又曰僧出塞
微規免租役無期詣道志在貪淫竊盜華典
傾奪朝權凡有十等一曰營繕廣夏僭擬皇
居也二曰興建大室莊飾胡像僭比明堂宗
祀也三曰廣譯妖言勸行流布轢帝王之詔
勑也四曰日交納帛布賣天堂五福之虛果
奪大君之德賞也五曰豫徵收贖免地獄六
極之謬殃奪人主之刑罰也六曰自稱三寶

假託四依坐傲君王此取威之術也七曰多
建寺像廣度僧尼此定霸之基也八曰三長
六紀四大法集此別行正朔密行徵發也九
曰設樂以誘愚小俳優以招遠會陳佛土安樂
斥王化危苦此變俗移風徵租稅也十曰法席
聚會邪謀變通稱意贈金毀破遭謗此呂尚
之六韜秘策也凡此十事不容有一萌兆微
露即合誅夷今乃恣意流行排我王化方又
擊鴻鍾於高臺期闕庭之箭漏挂旛蓋於長
剎放充庭之鹵薄徵王食以齋會雜王公之
享燕唱高越之贊唄象食舉之登歌嘆功德
則比陳詞之呪史受儭施則等束帛之等差

設威儀則効旌旆之文物凡諸舉措竊擬朝儀云云陛下方更傾儲供寺万乘擬附庸之儀肅拜僧尼三事執陪臣之禮寵既隆矣侮亦劇矣臣不取者四也

觀濟所列十條同歸一僞牽引構合增動帝心素達帝之機神深銜帝之不齒無可以通蓄憤假謗以暢面識言雖若臣意寔是輕侮何者上列僧僞無惡不揚言帝重之明帝無識斯則獨夫闇主不言自形飾詞覆詐迹昌露形矣故曰知人唯難人實難知知其難者千載惟一梁祖深知濟情無堪莅政故曰有才而好反豈徒言哉然後所之上事皆則濟之才

辯相去懸矣故呈拙矣
濟云陛下以因果有必定之期報應無遷延之葉故崇重像法供施弥隆勞民伐木燒掘螻蟻損傷和氣豈顧大覺之慈悲乎胡思堪能致福可廢儒道釋秃足能除禍弃絶干戈今乃重闢以備不虞擊搟以爭空地殺螻蟻而營功德既乖釋典出宗妖邪而行諂祭又虧名教五尺牧竪猶知一不疑四海之尊義無二三其德臣爲陛下不取五也

詳濟以事徵理今則以理通事夫因果報應事同影響若不信因前果後則不謂形動影隨物理顯然如何致惑伐木掘地天常之舊

規造寺興供人倫之厚敬勞民損蟻何帝無之是以福不自資四俗不辤勞役罪不及他百蟲死而非罪謂正法爲妖書以絜齋爲諂祭斯並幽明之所切齒賢聖之所哀矜然濟不知岳瀆大神奉佛而祈福賜天地靈聖拜首而請玄章故能峙立宇宙之中獲四無畏獨居空有之界具四辯才非濟所知或知而故謗以動帝情也

濟曰秦政受誅於三山漢徹見欺於五利信順妖訛一至於此不察情僞豈懲前失又引五事明宋齊兩代重佛敬僧國移廟改者但是佛妖僧僞姦詐爲心墮胎殺子昏淫亂道

故使宋齊磨滅今宋齊寺像見在陛下承事則宋齊之變不言而顯矣今僧尼坐夏不殺螻蟻者愛含生之命也而傲君父妄仁於蝦蟲也墮胎殺子反養於蚊虻也夫易者君臣夫婦父子三綱六紀也今釋氏君不君乃至子不子綱紀紊亂矣濟引宋齊信佛而早亡斯欺帝也何獨毀佛亦毀神祇夫運葉廢興天之常數禪讓放誅有國變通前王自享於万年後帝無宜而取位此乃交謝之恒理生滅之大期何得執一代之常存而迷百王之華運都不可也齊宋諸帝所以重佛敬僧者知帝位之有由故銜恩而酬厚德也又知帝

位之無保故行因而仰長果也昔因既短不可延以万年故有梁之受禪也今因未就不可即因而成果故受報於未來也是則業運相循四序無失如何輕佛無報應乎若輕無報應則郊廟諸神昊天圓丘地祇方澤山川望秩一切須除豈獨佛僧濫受誣罔乃云墮胎殺子今存好仇尒亦好仇何爲干政自不見也

書奏梁武大怒集朝士將加顯戮濟密逃於魏欲匡靜帝事露爲齊文襄燒殺之年八十餘矣濟所行非理妄逞才術干政冒榮圓智自滅古云不在其位不謀其政濟布衣之人

而謀廟堂之事濫矣佛行仁化無積王臣守
戒潔心除邪滅惑此佛教也故三學八正以
道出家六度四弘用開士俗其中通局適化
隨緣悟達爲宗餘非佛意而濟不談正行之
士專述亂業之夫以僞排眞以邪陵正以寡
代衆以僻亂全禍不謀身密陳無上之曲餘
殃不盡終被焚身之酬深可悲矣
十六章仇子陁者魏郡人齊武平中爲儒林
學士于時崇重佛法造制窮極凡厥良沃悉
爲僧有傾竭府藏充佛福田俗士不及子陁
微官固非所幸乃上跡陳曰帝王上事昊天
下字黎庶君臣夫婦綱紀有本自魏晉已來

胡妖亂華背君叛父反妻不夫而姧蕩奢侈
控御威福坐受加敬輕欺士俗妃主晝入僧
房子弟夜宿尼室又云臣不惶不恐不避鼎
鑊輒沐浴輿櫬奉表以聞有十餘紙書奏帝
震怒欲殺之高那肱曰此漢覔名欲得死陛
下若斫伊頭落漢術內可長禁令自死徙之
經二年周武平齊出之隋初猶存不測其終
今讀子隨表奏惟述僧之妖淫蓄積財事更
無別致吐言繁重隨事廣張無識者謂上事
極多通聽者止唯二轍謂財色也大同荀濟
之言才理雲泥不及于時魏齊兩代名僧若
林舉十統以綰之立昭玄以司之清衆暐如

不可陷溺子隨家素貧前投庇莫從形骸所
資唯衣與食因此終宴長弊飢寒嫉僧厚施
致陳抗表終被抑退不遂其心可謂潛潛漢
博士詞費而無鎔檢傅奕又加粉墨言轉浮
碎爲下愚者所笑何況上達者哉
十七衛元嵩本河東人遠祖從官遂家于蜀
梁末爲僧佯狂浪宕周氏平蜀因尒入關天
和二年上書略云唐虞無佛圖而國安齊梁
有寺舍而祚失者未合道也但利民益國則
會佛心耳夫佛心者大慈爲本安樂含生終
不苦役黎民虔恭泥木損傷有識蔭益無情
今大周啓運遠慕唐虞之化無浮圖以治國

而國得安齊梁之時有寺舍以化民而民不
立者未合道也若言民壞不由寺舍國治豈
在浮圖但敎民心合道耳民合道則國安道
滋民則治立是以齊梁覺像法而起九級連
雲唐虞憂庶人而累土堦接地然齊梁非無
功於寺舍而祚不延唐虞豈有業於浮圖而
治得久但利民益國則會佛心耳夫佛心者
以大慈爲本安樂含生終不苦役黎元虔敬
泥木損傷有識穢益無情而大周啓運繼曆
膺圖揔六合在一心齊日月而雙照養四生
如厚地覆萬姓同玄天實三皇之中興嗟兆
民之始遇成五帝之新立慶黎庶之逢時豈

不慕唐虞之勝風遺齊梁之末法嵩請造平
延大寺容貯四海万姓不勸立曲見伽藍偏安三
乘五部夫平延寺者無選道俗罔擇親踈以城
隍爲寺塔即周主是如來用郭邑作僧坊和夫
妻爲聖衆推令德作三綱遵耆老爲上座選仁
智充執事求勇略作法師行十善以伏未寧
示無貪以斷偷劫是則六合無怨紂之聲八
荒有歌周之詠飛沉安其巢穴水陸任其長
生云云嵩此上言有所因也曾讀智論見天
王佛之政令也故立平延然述佛大慈含生
安樂斯得理也專則不尒夫妻乃和未能絶
慾城隍充寺非是聖基故不可也即色爲空

非正智莫曉即凡爲聖豈凡下能通故須兩
諦雙行二輪齊運以道通俗出要可期嵩高云
不勸立曲見伽藍者以損傷人畜故也若作
則乖諸佛大慈昔育王造塔一日而役万神
今造浮圖累年而損財命況復和土作泥塼
瓦成日爲草虫而作火劫助螻蟻而起天灾
仰度仁慈未應垂許斯誠戒也故比丘造房
先除妨難有損命者必不得爲重物起慈即
爲仁塔理極正矣事罕行之又云請有德貧
人免丁輸課無行富僧輸課免丁輸課免丁
則諸僧必望停課爭斷慳貪貧人免丁衆人
必望免丁競修忠孝此則興佛法而安國家

實非滅三寶而危百姓也有十五條惣是事意

勸行平等非滅佛法

勸不平等是滅佛法

勸行大乘　勸念貧窮　勸捨慳貪

勸人發露　勸益國民　勸獠爲民

勸人和合　勸恩愛會　勸立市利

勸行敬養　勸寺無軍人

勸立無貪三藏　勸少立三藏　勸僧訓僧

勸敬大乘戒

上列事條反則滅法順則興道并陳表狀及佛道二論立主客論小大嵩以理通我不事二家唯事周祖以二家空立其言而周帝親

行其事故我事帝不事佛道立詞煩廣三十餘紙大略以慈救爲先禪僧奢泰不崇法度無言毀佛有叶眞道也故唐吏部唐臨冥報記云云

十八劉慧琳秦郡人出家住楊都冶城寺有才學爲宋廬陵王所知著均聖論一云白黑論其論難窮通後法義篇備之矣大較云但知六度與五教並行信順與慈悲齊立殊途同歸不得守其發足之轍也

十九范縝南郡人少孤貧學於沛國劉瓛而卓越不羣在門下積年芒屩布衣徒行而危言高論盛稱無佛有於自然其詞亦備後法義篇沈休文難之故不繁載

二十顧歡吳郡人以佛道二教互相非毀歡
著夷夏論以統之略云在佛曰實相在道曰
玄牝道之大象即佛之法身佛則在夷故爲
夷言道既在華故爲華語獨立不改絕學無
憂曠劫諸聖共遵斯一老釋未始分迷者分
未合意善遍修修遍成聖雖十号千稱終不
能盡然其文中抑佛而揚道斯門人也不足
評之又張融門律意亦同歡前集已詳後更
略引亦備法義篇且佛則金姿丈六道則白
首同凡佛則捨王位道則臣王者佛化無國
不有道則不出神州佛則塔遍閻浮道則冢
居槐里全不同也何得輒引以擬倫乎

二十一魏邢子才河間人仕魏著作郎遷中書黄門郎以爲婦人不可保謂元景曰卿何必姓王元景變色子才曰我亦何必姓邢能保五世耶然佛是西域聖人尋已冥滅使神更生安能勞苦今世邢子才爲後身張阿得邪亦有難解如法義篇自尋之

二十二高道讓者淙書述云釋氏之化聞其風而悦之義生天地之外詞出耳目之表斯弊教之洪致九流之一家而好之既深則其術亦高而圖寺極壯窮海陸之財造者弗吝金碧殫生民之力豈大覺之意乎然至敬無文至神不飾未能盡天下之牲故祭天以繭栗

未能極天下之文故藉神以䕺秸苟有其誠
則蘋藻侔於百品明德匪馨則蒸牛下於礿
祭而況鷲山之術彼岸之奇而可以虛求乎
乃有浮遊都鄙避苦逃劇原其誠心百裁一
焉既朱紫一亂城社狐鼠穢大法之精華損
農蚕之要務執契者不以爲患當衡者不以
爲言有國者宜鑒而節之此則讓爲護法之
純臣矣弈又何爲裁之可謂高識之人而載
于高識之傳者可也
二十三齊李公緒趙郡人通經史善陰陽見有
喪之家亙憂齋供福利便曰佛教者脫略父母
遺蔑帝王捐六親捨禮義赭衣髠剔自比刑

餘妄說眩惑唯利是親陰陽名墨雖紕繆苛
察而四時節用有取至如茲術則傷化託幽
滋爲鬼道惜哉舉國皆迷彼衆我寡悲哉吾
之死也福事一切罷之棄華即戎有識不許
弟槩字季節屬文讀佛經脚指夾之斷北邊
士俗自保專執之大𩲡者惜哉生爲徒生無

上善以資神死爲徒死有下惡以沉報冥冥
隨業反本何期來際莫知現在焉識與夫群
畜愚叟奚以異哉

二十四隋盧思道范陽人仕齊黃門郎周武平
齊詣京師作西征記略云姚興好佛法羅什
譯經論佛圖遍海内士女爲僧尼者十六七

糜費公私歲以巨万帝獨運遠略罷之强國富民之上策也又作周齊興亡論略云周祖始位大冢宰宇文護太祖之猶子也負圖作宰親受顧命周祖高居深視一朝折首凡厥黨與咸見夷戮乃棄奢淫布公道屛重内躬大布始自六宫被於九服以爲釋化立教本貴清靜近世巳來糜費財力遂下詔削除之亦前王之所未得也思道爲論紀其糜費罷之則謂强國富民之策斯一代之小識未遠大之弘略也夫佛法之行化也要在淸神滅惑也彼費財崇福者知身命財終歸散滅徒爲保愛此厚生守財之奴也故俗云多藏厚

云積而能散石崇以財色而受誅殷辛亦同
之而早戮自古咸尒溢於見聞而不能止者
乃貪惑使之然也昔漢武壽陵秦皇終隴財
寶充仞畢被侵開何若捨貪積而興上福以
崇敬仰之至割形骸而從道化以襲全正之
極者可也不然藏積空勞自他形神校計晨
夕無暇身死名滅卒從他手今昔如此習俗
相仍略舉近代齊代之行福也寺塔崇盛僧
衆雜聚不能節之以道縱其淆亂斬斛律明
月虛聽讒詞周軍聞便解甲齊后斯暗主也
權守國資不能周給宇文旣破帑藏充盈不
解身用銜紲而詣軍門財寶並爲周有周祖

既廢二教自以爲万代之上策也西平東討無往不尅以爲滅法之妙略也固天宥之統收齊餘泉貨鳩拾素是貧國纖纊全希一旦獲之塡脊滿目連手運帛接軫長途斯爲大盜之滅國乃以爲興師之盛業也生滅得失曾不籌之惟疑目前快意莫慮於後我既破他他亦破我自古恒介無得不思周祖謂以万代常存與天地而齊壽也窮討巖究務存蔵積守儉保素尅巳勵俗亦万代之一人也當年崩背而其子用之大張文物高陳聲勢即開佛法以從百姓之歡心又顯勝相用呈大國之威雄也立四皇后表八柱國前後鹵薄隊

杖倍常各二十四自古皇王莫之比擬立元
宣政禪位小兒時在襁褓正位斯及自号天
元皇帝也春秋方富未許喪身不盈一載又
從万古皃小不立后父控衡曆移運徙隋高
受禪位及國財並爲隋有斯可師也而不師
之隋雖重法廣陳寺塔至於財事無足稱言
故使蓄積穀帛遍於國中倉庫殷實不能散
施故福門雖開示存而已及煬帝之末天下
沸騰郊壘風驚畿甸霧結初登位也歌帝德
而曰万年後陵遲也咸面罵而揚諸咎倉稟
資於羣盜糜爛者無窮形骸執於賊臣百辟
困於黔首舉斯以統無得守株佛之誠言信

而可驗何以知其然耶自古登臨無不高稱万歲歲之有万斯即有期況滅於万何代不有既前王不守於万固知後帝義不逾之各取万歲今何所在五運相襲可不鏡諸是以明后英賢知五家之必散上智高識鑒三堅之可修巳用之財則如影之相逐末用之物不可賜及怨親所以於國於家遺之如脫屣若財若命棄之若遊塵莊嚴性識使早備法身成就善權務津梁諸有斯至教也餘諸幻有知何所論故經云劫燒終訖乾坤洞然須弥巨海都爲灰揚天龍人鬼於中凋喪二儀尚殞國有何常如斯法句可以尋眞自外凡

鄙固非其務
第二十五唐傅奕北地泥陽人其本西涼隨魏
入代齊平入周士通道觀隋開皇十三年與
中山李播請爲道士十七年事漢王及涼反
遷于岐州皇運初授太史令武德四年上減省
寺塔僧尼益國利民事十一條高祖聞之竟
不行下弈乃多寫表狀遠近流布京師諸僧
作破邪論以抗之如後所列弈表云一僧尼
六十已下簡令作民則兵強農勸易曰男女
構精万物化生此則陰陽父子天地大象不
可乖也今衛壯之僧婉變之尼失禮不婚夭
胎殺子減損戶口不亦傷乎今佛家違天地

之化背陰陽之道未之有也請依前條尋老
子至聖尚謁帝王孔丘聖人猶跪宰相況道
人無取德義未隆下忽公卿抗衡天子如臣
愚見請同老孔弟子之例拜謁王臣編於朝
典者弈奏如此未足理論出處殊途不可一
述易稱構精佛則絕慾固知李氏道門相結
伉儷日夕共會順易陰陽不順則與佛何殊
若順固其恒俗何爲學僧守靜絕慾無爲以
事討論纏綿自顯如上已述迷者未尋且李
耳子孫遍於天下張陵餘胤散列諸州祖宗
遺緒如何輒異若異其先斯爲絕嗣三千之
罪莫有高之況復黃書服氣三五七九之經

上下相和四眼二舌之教不可削也佛教不
尒慾是過原先必戒之方袪俗滯此則佛道
之分途也高識者體之
又云請同孔老門人拜謁王臣者不知弈出
此語何以自陳毁僧傲親抗君非爲忠孝固
知道士常拜君親如何目見道士從僧抗禮
不能自化其類何用彈人實而言之道士由來
拜謁竊形濫吹冒入出俗之儔致有黃巾乃
張角之風也法儀抗禮是緇徒之軌也至如
李老之服本襲朝章冠屨同蘭臺太史揖讓
等大夫之儀也如何門人高抗先師之位仰
則沙門之法都不可也會逢寬政置不繩之

以法徵剠於何逃責但弃上事碎亂不經或
言胡佛邪教退還西域云或三万戶州且存
一寺不足校也
一弃云大唐丁壯僧尼二十万衆共結胡心
可不備預之哉請一配之則年産十万此亦
劉生之古計也無用陳之如前已顯斯則女
子帶甲鰥夫執戈餌敵負國一何可笑
入大唐寺籍佛道二衆不滿七万如何面欺
上帝二十万衆乎斯即自刑無勞他劇
二明寺作草堂土舍則秦皇漢武爲有德之
君良以佛縱奢侈寺塔八万四千此國劾之
又增其倍凡百士庶暗愁往罪虛規來福浪

說天堂地獄詛我華人至如秦皇阿閣漢武甘泉古迹宮觀不過十數史官書之号曰無道曾不言佛無道過之又引張融三破之言廣如前集今重顯之佛之化也依樹爲家形骸有累權開小室寺塔崇廣信心所營請增福田非僧課造至如天堂地獄善惡之報殊焉品類區分昇沉之義天別不知道經往往亦述地獄須覈天堂有幾地獄何所云云故道步虛云天人同其願飄飄入紫微七祖生天堂我身白日昇如是乃非一述天堂也不許僧云是誰過乎

三明請減寺塔則民安國治者由妖胡虛說

造寺之福庸人信之爭營寺塔小寺百僧大寺二百以兵率之五寺强成一旅揔計諸寺兵多六軍侵食生民國家大患請三万戶州且留一寺又引自古已來僧反十餘自餘凶黨至今猶在請必除蕩用消胡氣浹旬之間宇宙廓清弈奏如此妄述兵多于時二衆不滿七万半爲尼女豈等大國之六軍乎又云反僧凶黨猶在者僧之從逆爲俗所拘一身獨立如何動衆虛引飾詐亂俗罔君天地不容故早磨滅又統詳之賊臣酷吏何代不無濁濫當官何時不有堯放四凶非由事佛舜旣絕嗣豈是僧風不可以一臣逆節舉朝同

誅一僧爲過全宗族滅弈奏狀曰望即依行
明明作辟固絕其議

四明僧尼衣布省齋則貧人不飢蠶無橫死者臣聞佛戒僧尼糞掃衣五綴鉢望中一食獨坐山中清居禪誦此佛之章法也若殺蠶作衣佛戒不許今則知佛理虚故生違犯此是荀濟語餘則鄙罵惡類厮下之言不足聞也

五明斷僧尼居積利百姓豐滿將士皆富者

六明帝王無佛則大治年長有佛則虐政祚短者

七明封周孔之教送與西域胡必不行者

八明統論佛教虚多實少者

九明隱農安近市廛處中國富民饒者
十明帝王受命皆革前政者
十一明直言忠諫古來出口禍及其身者此
之十一條通釋甚衆爲存詞費約同諸異解
奏之高祖覽之大悅詔廢諸州寺塔至九年
六月四日後上謂曰你大直奏事怕殺人今
日後勿懼貞觀六年又上書令僧吹螺不合
擊鐘又言佛法妖僞勑示蕭瑀瑀曰傅奕非
聖人者無法奕駮曰瑀先祖巳來不事宗廟
專崇胡鬼非孝者無親因集佛教入中華巳
來士人識見高遠有駮議其妖惑者爲高識
傳云奕傳如此云高祖從其言而廢寺者斯

罔君也豈有四年上事九年方廢省諸州寺
塔乎竟無此詔如何信之一條假誑万途可
悉弈身死後出傳貨之言雖矯詔無命可死
又云上書不許擊鍾斯妄作也經云擊鼓戒
兵鳴槌集衆又云撞擊佛鍾斯非教耶又述
蕭瑀不事宗廟專事胡佛斯面欺於宰伯也
梁典云高祖七廟每祭畢涕泗滂沲是何言
也今京師東西兩第俱有宗廟四時饗祀相
仍即目義不濫聽私爲此傳又可笑也止可
誑緣邊小議未足以示中華惜哉淨識一從
汙染頓介沉滯亙夲何期上所列人亦如前
評興亡太半隨類詳焉

檢唐臨冥報記云云太史令傅弈自武德初至
貞觀十四年常誹毀佛僧以其年秋暴病卒
初弈與道士傅仁鈞薛賾善後傅薛俱受官
傳鈞先亡賾夢見鈞曰先所負錢可付泥人
賾問誰耶曰即傅弈也是夜少傅馮長命又
夢在一處多見先亡長命問佛經罪福之事
有實乎曰皆定實也又問如傅弈生平不信
佛死受何報荅曰傅弈已配越州作泥人矣
長命旦入殿庭見薛賾說所夢賾又說之二
夢符合臨在其側同嗟嘆之賾即送錢付弈
弁說所夢後數日而弈卒案泥人者謂泥犂
中人也泥犂即地獄之别名矣八大地獄在

於地下餘諸雜獄散在山中海內而受苦也
深可痛哉

廣弘明集卷第七　典

盾鼻　上時尹反
檄　胡的反書丨
悒快　上音邑下於向反丨丨失志也
奢

佼　上式遮反下呂介反
闍豎　上邑壚反下音樹內侍小底謂之丨丨
控權

上苦貢反下巨貢反
鼎峙　上音頂下直里反丨丨三分天下如鼎足立也
荐　在見反再也
中壤　下汝兩反上也
僻　疋亦反偏丨
貞槩　下古愛反
簒　初患反奪也
稽古　上音鷄
重沓　下唐合反
禘祫　二字音第狭祭名也五年一大祭日禘三年一祭日祫
親享　下許兩反獻也當也
欺誣　下音無謗也
溫凊　下七淨反涼也
犧粟　上與宜反
蘋藻　二字音頻早水菜也祭禮用
袀祭　上音藥薄祭也
脫徙　下所紫反屣丨
斥　音尺棄也
荒裔　下羊逝反

丨丨邊鄙之方也祛丘居反丨散也除也魑魅土丑知反下眉二反丨丨妖怪

也竄檮杌上倉筭反中徒刀反下吾骨反舜時有四兖一日混沌二曰檮杌三

日竆奇四日饕餮允姓音緣燉煌二字音屯皇月氏下音枝西國名

訛轉上愚和反戾也上琴帝反曲也曺直右反胤也嗣也姚音搖後秦

姓也羌胡上苦良反軌躅下直欲反丨丨車跡也剖脇上疋口反破也

下虛業反肋也殂在姑反丨死也梟獍上古堯反食母之禽也下音鏡丨食父之

獸也叛君上音畔背也猥曲上烏每反鄙也螬蜋二字音堂郎草蟲也

井蛙下烏瓜反蝦蟇也愀然上七小反丨丨容色變動也鳧音扶鴨也

瘧王正作虐魚却反暴政也禝偰上音即后丨也下音薛般祖也稊莠

二字音帝酉並草名髦彥上音毛下魚箭反英髦俊彥也耕墾下音懇宏

大上惠杯萌反水上孟字讜言上丁朗反善言也范縝下之忍反

懲音澄誡也郜帝上側助反寓言上音遇租役上子胡反丨稅朁

擬上子念反轢曆落二音碾也六韜下土刀反兵術有丨丨鹵簿二字
音魯部車駕次第日丨丨也享燕上許兩反下於見反讃唄下音賤梵聲歌讃也
旌旃上音精下渠依反附庸下音容小國附大國日丨丨侮音武慢也
劇奇迸反增也蓄憤上丑六反丨積也下房粉反丨怒也擊櫜下音託或
作析擊以警夜牧豎二字音目樹放牛童子也蚰蟲上音昆亦作蜫蠢動之類
蚊蝱上音文下音盲紊亂上音問丨亦亂也昊天上胡道反貟丘
上正作圓望袠下遲一反祭也好仇下音求文襄下息羊反妄逞
下丑領反貟智上合作圓奢侈下昌尒反輿櫬上音余喪車也下初近反
空棺也邢肱上音形下俱弘反綰之上烏板反暐如上羽鬼反投
庇下甲二反廕丨終窶下其主反貧甚也浪宕下徒浪反勸獠下竹
巧反巒丨大較音角比丨沛國上音貝劉瓛下胡官反芒屩二字
音亡脚虋草覆也亡牝下毗忍反丨母也以道畜養萬物日丨丨槐电上回

懷二音弗忝下良刃反彈音丹盡也蠒栗上古典反下良吉反天子用牛
憒角如垂蠒栗子大宰而祭天藉神上才夜反槀秸上古老反下古八反稈草
也烹牛上疋耕反礿祭上音藥同前遺蔑下莫結反赭衣上音者亦
衣也髡剃上音坤下他弟反丨丨削髮也炫惑音縣紕繆上疋悲反下苗
幼反苛察上音何丨煩政也大魁下苦回反靡費上密碑反下方未反
負圖上正作負糺俱有反溢夷一反滿也隴吕勇反淆亂上戶
交反雜也讖詞上楚禁反帑藏上他朗反下去聲貯金帛之舍銜紲下音
薛長繩繫也宥之上音右赦丨也縑纊上音兼絹也下苦況反綿也鹵
簿魯部二音同前襁褓上居兩反下音保衣也襁褓織縷為之負小兒於背上
隋音隨帝代煬帝上余向反隋第二帝郊壘下呂水反畿甸上渠依反
下音殿丨丨王者內地也倉廩下呂錦反糜爛上密碑反百辟下必亦反
百官也黔首上巨兼反丨丨黑首庶民尚殞下羽敏反亡也婉孌上紆

阮反下呂轉上反美好之貞伉儷上苦浪反下音麗丨丨延偶也冠僂下音句僂
丨也鯀夫上俱頑反無妻曰丨籍佛上扌亦反詛我上之助反課造
上苦和反須藪下開隔反考丨飄飆上延苗反下音搖除盪下音蕩
淡旬上子叶反同前市鄽下直連反蕭瑀下音羽駮必角反鳴
推下直追反橦擊上直江反涕泗體四二音泣淚也滂沲上普忙反
下徒何[illegible]賾[illegible]下[illegible]助